JN023941

悪が変えた世界史

下

LES FIGURES DU MAL

HISTOIRES VRAIES

「悪」が変えた世界史・下

ランドリューから毛沢東、ビン・ラーディンまで

◆目次

「悪」が変えた世界史◆上・目次

11 ランドリュー

ガンベの青ひげ

（一八六九―一九二二）

女たらし、けちなペテン師、大悪党。ランドリューにはそのどれもがあてはまる。黒いあごひげに山高帽といえばだれでもピンとくる、あの顔。二〇世紀のフランスで連続殺人犯第一号となった男の顔だ。複数の名前をもちながら、「ガンベの青ひげ」というあだ名でもっとも知られるこの男は、第一次世界大戦中に一〇人の女性を誘惑して殺害した。犯罪者の生涯と、パリの名士たちを虜にした裁判をふりかえる。

それはハンナ・アーレントがよぶところの〈凡庸な悪〉を体現したかのような、〈凡庸な男〉が描かれる裁判劇だった。ベル・エポックという時代にまさに幕が下りようとするころのカフェ・コンセール［飲み物つきでショーを提供する店］にふさわしい見世物だ。『ガンベの青ひげ』

あるいは『女を手玉にとった奇術師』といった題名は、ブルジョワ階級の男たちには気晴らしを、その妻たちには背筋の凍る恐怖を提供するために、パリのにぎやかな大通りの劇場で上演される軽喜劇にはぴったりだ。この作品では、トランク、手帳、オーブンといった小道具が大活躍する。犯罪の秘密を隠し、次いであばく役柄を演じるのだ。主役は完璧な夫であり愛情深い父親でもある男で、彼はその仮面をかぶったまま、家族に知られることなく四年間に二八三人の女性と会い、そのうちの一人である歌手と恋に落ちる。舞台となる法廷には敏腕弁護人が華々しく登場し、毒舌の応酬が演じられる。興奮気味の観客席、もとい、傍聴席にはパリの名士が押しかけ、鑑賞券ならぬ傍聴券は闇市場でひっぱりだこだ。新聞は下品な見出しをつけて、連日審問のようすを書きたてる。だが、これは一〇人の女性と一人の若い男性が忽然と消えた、という奇怪な事件の話だ。失踪したのか？　煙となって消えたのか？　犠牲者の多くが最後に目撃された場所である、セーヌ＝エ＝オワーズ県の小村ガンベの別荘の裏では、死体は一体も発見されなかった。だが、捜索を重ねたすえ大量の遺灰が見つかった。一五〇〇グラムの人間の骨と歯の残骸で、そのうち九九六グラムが頭蓋骨のものだった。そして四人分の遺骨の一部とみられる一八七本の骨が特定された――三つの頭蓋骨、六本の手と五本の足の骨だった。

犯行場所だったにちがいない陰鬱な家からは、血痕はひとつも発見されなかった。しかし煙突からは、吐き気を催す悪臭をともなった煙が季節をとわず、太く黒々とした渦を巻いて吐き出されるのが目撃されていた。村の人々は、暖炉の前で眠りこけて焼け死んだ老人を思い出し、「まったくチボーじいさんみたいにひどい臭いだ」と毒づいた。だが、今回の悪臭の原因は老人の深酒ではなく、濃いひげと山高帽で正体を隠し〈謎の男〉とよばれた、五〇歳近い中年男の放埒だった。ガンベ村に入ってすぐの場所にあり、トリック氏が所有するエルミタージュ荘の賃借人、デュポン氏についてはだれもほとんどなにも知らなかった。定住しているようすはなく、よろい戸はたいてい閉ざされたままだった。戸口も、オーブンと大量の石炭が届いてからというもの、開いたことはなかった。それでも男が毎回ちがう女とつれだって家のなかへ入っていく姿を、村人は定期的に目にしていた。その次に男が戸口に現われるときには女の姿はなかった。また、男がひとりで近くの森まで散歩に出かけるのが目撃されることもあった。

黒い煙が彼の悪事をおおい隠していた。煙突から吐き出される悪臭を放つ煙と、ガンベとパリを往復する列車の機関車が吐き出す煙。ガンベに向かう列車には女性と二人、紳士然として乗りこむが、パリに帰る列車に乗るときは彼ひとりだった。多くの闇をかかえるこの男の人生は、一八六九年四月一二日、パリのベルヴィルではじまった。

はじまりは小市民《プチブルジョワ》、けちなペテン師、そして小さな新聞広告

この物語の主人公は凡庸な男だった。アンリ・デジレ・ランドリューは、貧しくとも勤勉な平民の家庭に生まれた。父は鉄工所の火夫、母はお針子で、二番目の名前デジレ［望まれた子、を意味する］は両親の深い愛情が約束されていることを示していた。両親とともに移り住んだサン

ルイ島で、幼い頃は幸せな日々を送った。おとなしく勤勉に育った少年は、聖歌隊で歌い、ミサでは助祭をつとめることになる。だが、神学校には入らず、建築事務所の事務員になった。はた目には虫も殺さぬ男に見えたが、じつは平然と悪事を行なう精力的な男だった。野心家の彼は、近くに住む親戚の娘で洗濯女のマリー＝キャトリーヌ・レミーに、口から出まかせの口説き文句をならべたてた。彼女はランドリューの誘惑に屈したはじめての犠牲者となった。そしてすぐに妊娠した彼女は、兵役から戻ったランドリューと結婚した。アンリ・デジレは模範的で思いやりのある夫だった。煙草は吸わず、酒も飲まない。夫婦はほかに三人の子どもをもうけて小市民《プチブルジョワ》らしく暮らしていた。

しかしこれは、自分が一家の模範的な主《あるじ》でいなければならないと信じた男の悲劇だったのだ。大いなる希望をいだきながらも経済的困窮という壁にはばまれた男。金と名誉をつねに追い求めた彼は、支離滅裂な行動へと駆りたてる自分のなかのエネルギーと、放浪癖を抑えきれなかった。その結果、一八九三年から一九〇〇年までのあいだに一〇回以上職を変え（会計係、工場主、仕事の請負業者、さらに二輪車製造業者としては自分の名前ランドリューを冠した自動二輪車で特許登録したが、売れゆきはさっぱりだった）、引っ越しは八回にのぼった。

職を転々とし転居をくりかえしたランドリューは、さらに精神的にも不安定だったのだろうか？　ありうる話だが、いずれにせよ、精神的障害の徴候を見せることはなく、つねに礼儀正しく、身なりも整えていた。それでも、人をだます腕前は名人芸の域、そして司法のやっかいになってばかり、という一定の傾向は明らかになった。小市民《プチブルジョワ》の暮らしは彼には窮屈だっただろうが、ひとたび詐欺行為に手を染めるや水を得た魚のように生き生きとしはじめた。そして一九〇〇年に本格的に詐欺師への道を歩み出すと、それがこの男の唯一の天職であることは疑う余地がなかった。一九一四年までのあいだに七回にわたってさまざまな罰金刑と禁錮刑を受け、この期間のうち半分を刑務所ですごし、残りの半分はみずからの悪事の報いからのがれるために転居をくりかえしてすごした。雇用証明書やその他の文書偽造、保証金詐欺、と、その技術は洗練され、偽名は増えていった。生涯で使用した偽名は九〇にのぼり、それに肩書きをつけることが多かった。建築家、実業家、技師、領事といった肩書きをつけて、ギエ、フレミエ、ディアール、モレルといった偽名を使っていたのだ。

この最後のモレルという名のもと、やがて詐欺のある分野で腕を磨いていく。結婚詐欺である。一九〇九年、フランス北部の地方新聞エコー・デュ・ノール紙にポール・モレルの名で結婚相手募集の広告を出すと、ジャンヌ・イゾレがこれに応じた。結婚準備のためと称して婚約者の貯金を預かった彼は、その後姿をくらませた。このときはまだ、金銭欲だけで殺人願望はなかった。だが、捕らえられては刑務所ですごすことを何度かくりかえすうち、詐欺師として成功したいという熱い思いはふくらんでいった。しかし、一九一四年七月二〇日、欠席裁判により保証金詐欺の罪で新たに禁錮四年の判決が言い渡された。しかも今回は、フランス領ギアナの流刑地への追放のおまけつきだった。ところが、その二週間後に第一次世界大戦が勃発し、ランドリューは刑の執行をまぬがれる。フランスはけちな詐欺事件などにかかずらってはいられなくなったのだ。そればかりか、ランドリューは完全な自由を謳歌しつづけることになった。「すでにわたしに怒っている人は、あれほど多くの少年たちにとって戦争とはなんであったのかを想像してほしい。あれは、四年間の長い夏休みだったのだ」と、レーモン・ラディゲは『肉体の悪魔』のなかで書いている。同じことがこの四十男、ランドリューにもあてはまる。けちなペテン師が大悪党に変身をとげるチャンスだったのだ。

大嘘つきへの変貌

家具屋をはじめたランドリューは、一九一四年から一九一九年までのあいだ、パリの街を大手をふって歩いていた。シャトーダン通り二二番地にある夫婦の住まいには帰らぬことがしだいに増えたが、たまの帰宅時にもち帰る金でうまく妻と子どもたちの好奇心を封じこめ、家長としての絶対の権力を維持していた。生活の糧を得るためにランドリューはよく働き――いや働きすぎたくらいだ！――そのおかげでじゅうぶん家族を養うことができた。そのため、論より証拠とばかり金にものをいわせたので、不在がちの理由を家族に釈明する必要もなかった。購入した小型トラックで家具を運び出し、それをクリシーに借りた倉庫に保管した。あちらこちらの建物の管理人に声をかけては、だれも住まなくなった住居から古い家具を運び出す姿が目撃されている。作家のジュール・ロマンは、第一次世界大戦前にマラコフで倉庫業をしていたときに彼を見かけていた。その言葉を借りれば、ランドリューは「紳士に見えた、まるで薬剤師か医師か弁護士のようだった」

もちろんそういった士業についたことはなく、機械や工学の分野で成功するという夢も果たせなかったランドリューだが、じつは商才があったのだ。長けていたのは女性相手の商売だ。市場調査は入念、顧客の選別は綿密、さらに、扱う商品を熟知している人間だからこそできる広告宣伝は的確だった。その商品とは、彼自身だったのだ。さらに、競争相手の心配も無用だった。なぜなら、このころのパリには男がほとんどいなかったからだ。見かけるのは軍服姿の男たちぐらいで、負傷した足をひきずりながらとぼとぼ歩いているか、北駅や東駅で乗降して配属先に向かう途中、意気軒昂《いきけんこう》といったようすで街中をぶらついているか、そのどちらかだった。

そういう男たちの粗野で女に飢えた態度とは対照的だったのが、フレミエやギエあるいはデュポンと名のる紳士の気配りや穏やかさだった。のちに長い書簡を書いてよこすようになると饒舌になるが、結婚相手募集の小さな広告欄では簡潔で謙虚に自己紹介していた。「男、四五歳、独身、家族なし、同じ境遇の女性との結婚希望、連絡乞う」「当方まじめな男性、家族なし、多少の資産あり、未亡人か独身女性との結婚希望」。これこそまさに、毎日プチ・パリジャン紙の広告欄に目をとおす、多くの孤独な女性たちが探し求める男性だった。少額とはいえ資産があり、まじめで非の打ちどころのない男性が、同年代の未亡人か独身女性を結婚相手に求めているのだ。「もっと互いをよく知るために」と文通をはじめると、その言葉づかいは巧みだった。やがては餌食となる女たちも、彼と同様に「真実の愛や、末永く幸せでいるための思いやりの気持ち」を熱望していた。彼が描いてみせた最愛の人の理想像に、女たちはみずからの姿を重ねあわせた。理想とされているのはありきたりな妻ではなく、「心が広く、よき主婦で、家ですごすのを好む女性であり、また妻とよぶのにふさわしく、誠実な愛情を夫にそそぎ、思いやりがあり、いっしょにいて楽しい女性」なのだ。それに、母親という唯一見習うべき存在から学んだという誠実さややさしさに、女たちが心をゆさぶられないはずはなかった。なぜならランドリューは、心のやさしい母親に育てられたおかげで、自分の感受性は育まれたのだと思う、とみずからつつましやかに語っていたのだ。見事な文章力で筆記試験をやすやすとパスした彼は、たいていはリュクサンブール公園が舞台となったはじめてのデートでも、すぐれた技量で口頭諮問を突破した。また、女性をもっとも感動させる語調を心得ていて、自分は前線で戦った経験はないが、占領地域の起業家としてやはり戦争の苦しみを味わっている、と語ってみせた。少しの資産を除いてすべてを失ってしまったが、いちばん大切なもの、すなわち名誉は守りぬいた、というのだ。だがまもなくその両方――少しの資産と、女性にとっての名誉、すなわち貞節――を、女たちは彼に明け渡すことになるのだった。

堂々たる押し出しの男

犠牲になった女たちはみな、ひげの男性に弱かった。しかも、彼のひげはほかで見たことがないほど立派なものだった。漆黒のひげは豊かで、きちんと整えられていた。もしもこのひげがなかったら、初対面の女たちを魅了した、あの男としての押し出しのよさはなかっただろう。とはいえ、ひげがなかったとしても、彼の青白い顔は謎めいた魅力をじゅうぶんに発揮したにちがいない。禿げあがった額の上のほうに細く描いたような八の字眉のせいなのか？　あるいは、黒い目を支えるように張り出した頬骨のせいだろうか？　「まぶたを軽く閉じるとその眼差しは憂いをおび、檻のなかの猛獣が見せるあの底知れぬ軽蔑をただよわせる」と、コレットがのちに書いている。あるいは、山高帽とひげという二つの黒い塊のあいだの猿を思わせる奇妙な顔、その中ほどにあるとがった鼻の下の、肉づきのよい唇のせいだったのかもしれない。

女たちのほうでは、たちまちほかの男は眼に入らなくなったが、ランドリューの眼は注意深く相手を観察していた。まるで事務員のようだったのはその風貌だけではなく、それらしい几帳面さをもちあわせていた。その性格を生かし、身体的特徴から境遇にいたるまで、さまざまな情報を書きこんだ調査ファイルを作り上げたのだ。この資料のおかげで、自分が定めた基準にもっとも適合する女たちを選ぶことができた。その基準のうちでとくに重要だったのが、じゅうぶんに所得があること、そして親類縁者が少ないことの二点だった。こうして独身者や、離婚や死別で夫を失った女性に目をつけた。リスクは入念に検討し、貯蓄額のチェックも巧みにこなし、厳しい候補者選別を行なった。実際に会った二八三人の女性のうち、そのクモの巣にからめとったのは一〇人だけだった。その一〇人の女たちは、はじめはヴェルヌイエ、そして途中からはガンベの別荘に招かれた。初々しいカップルは、そこで結婚の計画に心躍らせながら、完璧な愛を紡ぐのだった。ランドリューは婚約者たちを言いくるめて委任状に署名させ、権利書を預けさせ、さらに将来同居するのだからと家具を処分させた。女たちは、これから休暇に出かける、そこでようやく約束された幸せをつかむのだ、と近親者に語っていた。やさしく情熱的な恋人は、そこで最後の提案として、ガンベでの滞在に誘うのだ。ギャランシエール駅で窓口係が切符の種類と枚数をたずねると、男は決まって答えるのだった。「往きを二枚、帰りを一枚」

「フェルナンドよ、このわたしに終戦は早すぎる！」

パリの街が休戦宣言にわき立ち、男たちが続々と戻ってくると、ランドリューは苦い思いを反芻した。家族が暮らす家にはあまり帰らず、たまに帰宅するのはただ家長としての権威を高め、新しくはじめた古道具屋の稼ぎを家族に分けてやるためだけだった。一〇〇近い顔をもつこの男にはもう一つの家があり、一九一七年に市街電車で出会ったフェルナンド・スグレという若い女と暮らしていた。ランドリューは彼女を気に入っていて、たっぷり愛情をそそぎ、ふんだんに贈りものをした。自分の以前の愛人二人に対する関心は失っていたが、終戦を迎えてから、彼自身に対する当局の関心は増していった。一九一八年の暮れのこと、ガンベの村長はペラ夫人と名のる女性から手紙を受けとった。それは、アンヌ・コロンという友人が婚約者とともにガンベに滞在しているはずなのだが、その消息を教えてほしいと訴える手紙で、婚約者の名はフレミエだと書かれていた。村長はコロンという名の女性に心あたりがなく、フレミエという名の住民もいなかった。そこでこの手紙をなにかのまちがいだとかたづけようとしたが、別の問いあわせの手紙を前年の一〇月にも受けとっており、しかもその内容が今回と驚くほど似ていることを思い出した。このときはラコストという女性が、姉妹であるセレスティーヌ・ビュイッソンの消息をたずねていた。未亡人だったビュイッソン夫人は、フレミエという名の婚約者とガンベで落ちあうことになっていた。遺憾なことに、夫人は消息を絶ったままだった。それはシュマン・デ・ダームの攻勢で多くの兵士が行方不明となった年で、大勢の銃後の家族たちの不安が高まっていたころだった。そのため村長はこの請願に対処していなかったのだ。だが今回新たな請願を受けて、村長は二組の家族を会わせることにした。そしてすぐに、二人の失踪者がプチ・ジュルナル紙の同じ結婚相手募集広告を目にし、同じ男に連絡したことがわかった。ガンベの住民登録台帳にその男の名前はなかったが、禿頭にひげ面の男という人相は、エルミタージュ荘にときおり来ては滞在していく男のものと一致した。訴状が提出され、警察と司法当局がのりだすと、もう動き出した歯車が止まることはなかった。

この男に対する村での評判はさんざんだった。村の入口にぽつんと立つこの別荘で、その借り主に負けずおとらず奇妙なできごとが起きていた。〈謎の男〉がどんな悪事に手を染めていたのかはだれにもわからなかったが、来るときは女性と二人連れなのに、帰るときは男のほうだけというのはどう考えても怪しかった。それに、煙突からわき出てあたりに充満する、吐き気を催すあの臭いはいったい…？　暖房にはだれもが薪を使うのに、なぜ石炭を使うのか？

疑問は次から次へとわき上がるが、明白な証拠はなにひとつ出なかった。結局謎を残したままで終わるランドリュー事件は、こうして謎だらけではじまった。この事件をとりまく煙の暗雲を晴らそうと司法当局が頼みにしたのは、もっとも執拗な刑事たち、すなわち虎の警察隊とよばれた第一機動警察隊の男たちだった。中心となったのがジュール・ブラン刑事、そして補佐役のブロンベルジェと巡査部長のリブレだった。だが捜査は遅々として進まず、膠着状態におちいった。ランドリューはガンベの家には行かなくなり、ほとんどの時間をパリの愛人フェルナンド・スグレの家ですごすようになっていた。終戦のおかげで彼はいらだちと不安をつのらせていた。通常の生活に戻れば警察の捜査は厳しくなるのではないか、という不安だった。警察はそのころまだ、行方不明になった女たちが最後に住んでいた建物の管理人からの聴きとりでいきづまっており、役に立ちそうな情報はなにも得られずにいた。

いくつもの顔と多くの婚約者をもつ謎の男の足跡は失われたかと思われた。だがその矢先、ある偶然の出来事が突破口となって、いきづまっていたブラン刑事の捜査は動き出す。一九一九年四月の初め、ビュイッソン夫人の友人が警察に電話をかけてきた。フレミエらしき男が、若い女と腕を組んでパリの陶器店に入るのを見た、と言うのだ。そのひげ面の男は、食器一式をシュシュアール通り七六番地のリュシアン・ギエに届けるようにと店員に告げていた。四月一二日、家宅捜索開始が可能となる午前六時ぴったりに、被疑者の逃亡をおそれて、前夜から踊り場で張りこんでいたジュール・ブラン刑事は戸をたたいた。フランスでもっともおそろしい連続殺人犯の一人として歴史に名を残すことになる男は、小市民《プチブルジョワ》の宿命からのがれることを夢見たが、ついにかなわなかった。彼の逮捕はまるでつきなみな不倫現場へのふみこみのようだった。パジャマ姿で戸を開けた彼のかたわらにいたのは、同棲相手のフェルナンド・スグレだった。

立ちはだかる〈私生活の壁〉

機動警察隊の本部へ連行されたランドリューは、そのときはまだ詐欺と背任の疑いをかけられているだけだったが、本名をはじめ何ひとつ明かそうとはしなかった。リュシアン・ギエ、またの名をデュポン、あるいはフレミエと名のる男の所持品検査でも、なにもわからなかった。ただ、ズボンのポケットと上着の内ポケットで見つかった、二冊の小さな手帳を除いては。ブラン刑事はロシュシュアール通りの家をふたたび捜索し、そこで男が借りているクリシーの倉庫の賃料受領証を見つけた。借り主の名前はランドリューとなっていた。警察は〈謎の男〉の本名をつきとめたうえ、その持ち主よりよっぽど捜査に協力的な、彼のトランクを押収した。それはまさにこの男の記録保管庫だった。そこに隠されていたのは大量の雑多な衣類に女性用の下着やかつらなどで、義歯や入れ歯まであった。なかでも目を引いたのが、丹念に作成したうえ分類された書類一式で、身分証明書がそえられ、いくつかの名前には書きこみもあった。ランドリューは黙秘を正当化するために〈私生活の壁〉を利用し、その壁に隠れて身を守っていた。だが多くの材料が集まったおかげで、その壁がくずれはじめたのだ。
ランドリュー本人に代わり、証拠の品々が自白をはじめた。まずは別荘のオーブンで、なかには死体を焼いた灰が残っていた。次に、列車の切符はいつも往きを二枚と帰りを一枚買っていたことが明らかにされた。そして、二冊の手帳。一冊目は詳細な出納帳だった。そこには絨毯や事務机の売却が記載されていたが、それればかりでなく、一九一六年から一九一八年までのあいだに購入した八四挺の薪用鋸《のこぎり》や丸鋸《まるのこ》といった奇妙な買い物の記録もあった。二冊目の手帳は人と会う約束が書きこまれた予定表で、一日に六人もの相手とパリ市内の異なる場所で会うことになっていた。だが、なかでも注意を引いたのは、あるページに書きこまれた一一のことばだった。それは「キュシェ、その子ども、ブラジル、クロザティエ、アーヴル、ビュイッソン、コロン、バブレ、ジョーム、パスカル、マルシャディエ」だった。ランドリューの手帳の記録と、新聞が大々的にとりあげたおかげで殺到した証言の数々をつきあわせて、一一人の犠牲者のリストが作られた。

ジャンヌ＝マリー・キュシェ、三九歳、未亡人、ランジェリー店員、一九一五年二月にヴェルヌイエで一七歳の息子アンドレとともに失踪
テレーズ・ラボルド＝リンヌ、四七歳、離婚、一九一五年六月にヴェルヌイエで失踪
マリー＝アンジェリーク・ギラン、四八歳、元住みこみ家庭教師、一九一五年八月にヴェルヌイエで失踪

ベルト＝アンナ・エオン、五五歳、家政婦、一九一五年一二月にガンベで失踪
アンヌ・コロン、四四歳、未亡人、一九一六年一二月にガンベで失踪
アンドレ＝アンヌ・バブレ、一九歳、女中、一九一七年四月にガンベで失踪
セレスティーヌ・ビュイッソン、四四歳、未亡人、家政婦、一九一七年九月にガンベで失踪
ルイーズ＝ジョゼフィーヌ・ジョーム、三八歳、離婚訴訟中、一九一七年一一月にガンベで失踪
アンヌ＝マリー・パスカル、三八歳、離婚、一九一八年四月にガンベで失踪
マリー＝テレーズ・マルシャディエ、三八歳、元娼婦、一九一九年一月にガンベで失踪

ランドリューは拘禁され、殺人容疑で取り調べを受けた。五〇〇〇件の証拠書類からなる訴訟記録を作り上げるために、予審は二年半続いた。裁判は、一九二一年一一月七日、ヴェルサイユにあるセーヌ＝エ＝オワーズ重罪院ではじまった。

オーブンの火の照り映えから、まばゆいスポットライトへ

一一時四〇分の列車。それはパリのアンヴァリッド駅を出てヴェルサイユに向かう列車だった。芝居見物ならぬ、裁判の傍聴に遅れないためにはけっして逃してはならない列車だ。パリの名士たちは特等席に殺到した。その顔ぶれのなかにはミスタンゲットとモーリス・シュバリエ、

ラドヤード・キプリングにコレット、ペルシアの皇太子に中国の大使もいた。いわゆる大物から名もない人々にいたるまでがおしよせた。世間は興味津々で、見世物と化したランドリューの裁判をだれもが見たがり、またその場にいる姿を人に見せたがった。よい席には闇市場で五〇フランの値がついた。満足できなかった観客には返金するという約束の必要はなかった。文句をいう観客などひとりもいなかったからだ。このせりふ劇をみごとに演じた、表現力豊かな役者たちのおかげだった。その役者たちとは裁判長のジルベールに次席検事のゴドフロワ、そして、だれよりすばらしかったのが弁護士のモロ＝ジアフェリだ。訴訟を追っていたジャーナリストのアンリ・ベローは、モロ＝ジアフェリを「演劇的資質」をそなえた「弁舌の芸術家」とよんだ。弁舌という点では、その依頼人も負けてはいなかった。彼はおそるべき話術の使い手だった。「失踪事件はわたしのせいだと言うのですか。まさか！　新聞が書くことを信じるのならともかく！」あるいは「交際相手のご婦人たちがわたしになにか文句があるなら、ご本人たちがわたしを訴えればよいではありませんか！」。証人の前であろうと、被害者の遺品やさまざまな女性の持ち物が陪審員に示されるときであろうと、彼はまったく動じなかった。むしろ、傍聴席でわき起こる大笑いに、静かにしないなら「お帰り願う」と声を荒げたのは裁判長のほうだった。それに応じたランドリューのひとことは、「裁判長、（出ていけ、とおっしゃるのでしたら）わたしはいやとは申しませんよ」だった。

彼の弁護は手堅かった。詐欺を働いたのは認めるが、殺人は犯していない、そもそも本人が法廷で言ったように「死体を示してください！」というわけだ。たしかに死体は発見されなかったが、被告人は被害者たちを絞殺したのち、その死体を鋸《のこぎり》で切断したにちがいない、と検事は考えていた。具体的な証拠がないまま、世間ではこの見方が急速に広まった。近隣の森や湖は不気味な推論にぴったりの舞台だった。殺された女性の胴体と腕と腿は森に埋めるか、あるいは湖に投げこみ、頭と足と手はオーブンで焼いた、と考えられた。捜索が行なわれたが、この推論を否定する証拠も、裏づける証拠も出てこなかった。ランドリューはいくら尋問されても否認するばかりだった。彼はほんとうに殺人犯なのか、疑惑は消えなかった。ついにあるときモロ＝ジアフェリ弁護士が、被害者の一人が見つかった、そしていままさに出廷すると告げた。その場にいた全員が一斉に戸口のほうを向いた。そこへ弁護士が「これこそ、だれひとりとして被告人の有罪を確信できないことの証《あかし》です」と、勝ちほこって言った。しかし、次席検事が間髪を入れずに言い返した。「ただひとり、まったく頭を動かさなかった人間がいる。それはランドリューだ」

そのランドリューの頭は、一九二二年二月二五日、ヴェルサイユのサンピエール刑務所で落とされた。それに先立つ一九二一年一一月三〇日、陪審員は満場一致で、彼を〈未亡人〉、つまり当時そういうあだ名でよばれていたギロチンに引きあわせることを決めた。あれほど多くの未亡人との出会いを楽しんでいたランドリューのために！　彼も今回ばかりは、往きだけで帰りはない片道の旅だ。そして死のまぎわでも、自身の生き方を変えることはなかった。ラム酒やたばこを勧められても「健康によくないから」と断わった。司祭が神を信じるかと問うと「司祭様、わたしはこれから死のうというのに、なぞなぞ遊びをなさろうというのですか」と答えるなど、軽妙洒脱だった。最後に罪の告白を聞き出そうと死刑台までつきそった弁護士の一人には、こう言って謎めいたことばを残した。「先生、それはわたしの手荷物なんです、あの世までもっていきますよ…」

オリヴィエ・トスリ

参考文献

BÉRAUD Henri, BOURCIER Emmanuel, SALMON André, *L'Affaire Landru*, Paris, Albin Michel, 1924.
BERNÈDE Arthur, *Landru*, éditions Culture Moderne, 2012.
BIAGI-CHAI Francesca, *Le Cas Landru à la lumière de la psychanalyse*, Paris, Imago, 2014.
DARMON Pierre, *Landru*, Paris, Plon, 1994.
JAEGER Gérard, *Landru : bourreau des cœurs*, Paris, L'Archipel, 2005.
SAGNIER Christine, *L'Affaire Landru*, Paris, De Vecchi, nouvelle édition 2006.
YUNG Éric, *Landru – 6h10 – Temps clair (Les pièces du dossier)*, Paris, coédition Télémaque,

Musée des lettres et manuscrits, 2013.

12 ラファエル・レオニダス・トルヒーヨ

熱帯の山羊

（一八九一―一九六一）

絵に描いたようなクーデタをへて、ラファエル・レオニダス・トルヒーヨは三〇年にわたり、ドミニカ共和国を残酷、卑劣、過激に支配した。独裁者の完璧な見本のようなこの人物は、古代ギリシア悲劇さながらの陰謀によって、ついに退場させられた。そして歴史に登場したときと同じく、暴力によって歴史から姿を消した。

一九六一年五月三〇日午後一〇時、ドミニカ共和国の首都サント・ドミンゴでのこと。馬力があって頑丈な北米製の車二台が、首都から海岸沿いの小さな町サン・クリストバルへと続く道路脇にひそかに停められていた。車内には七人の男がいて、彼らが何か月も前からエル・チボ（「山羊」）とよんでいる男が乗る、シボレー・ベルエアを辛抱強く待っていた。車はいまにも通過する予定だった。待ちかねた暗号は、数分前にもたらされた。「エンジニアは今夜、木材の話をしにやってくる」。つまり標的は護衛なしでこちらに向かったということだ。みずからを「ドミニカ共和国の恩人」と称するラファエル・レオニダス・トルヒーヨの、いつ終わるとも知れない恐怖と独裁の支配は、まもなく終焉を迎えるはずだった。

彼らは、この三〇年間、イスパニョーラ島東半を占めるドミニカ共和国の絶対的支配者による独裁のおかげで、程度の差こそあれ、じかに痛みを受けてきた男たちである。全員が「山羊」の皮、いや命を欲していた。これまで何度も練られ、準備されてきたこの暗殺計画は、またも失敗に終わるところだった。最初は、（この陰謀の首謀者だった）ＣＩＡのヤンキーどもが、どたんばになって手を引いてしまった。次には、あと少しのところで「山羊」をとり逃がした。人心が離れて久しく、すっかり孤立していたこの「獣」が、ルートを変えたのだ。気が短く偏屈になっているから、パレードの最中にふさわしい敬意をはらわなかった将校を叱責しようと、わざわざまわり道をしたのである。陰謀のリーダー格のアントニオ・デ・ラ・マザは、暗号を受けとって安堵のため息をついた。これで「山羊」は倒れるだろう。悪夢はついに終わるだろう。彼と部下たちは、手のとどかない存在だったサント・ドミンゴの暴君を倒すだろう、と。

アメリカが選んだ盗人

そもそも、一九三〇年五月二四日にドミニカ共和国大統領に就任した時点から、巨大な隣国アメリカ合衆国はトルヒーヨに警戒心をいだいていた。大統領選出をめぐって疑惑があった。支持票の数が有権者数を上まわっていたのだ。アメリカ国務長官チャールズ・B・カーティスはこの政権にかんして、「選挙の公平性についてはあえて指摘するまでもない」と報告している。とはいえ、例によって悪を後押ししたのはアメリカだった。しかもトルヒーヨの場合、アメリカが自分たちの都合で逡巡をくりかえしたため、それは修正に三〇年を要する過ちとなったのである。アメリカが戦略を誤っただけでなく、将軍トルヒーヨはその後に続くあらゆる独裁者の模範となる教科書になる。軍服に身を固めたこの男は、みずからの利益のために祖国を自分の兵営と化した。おそろしいことに、その後に続く軍人独裁者は皆、トルヒーヨの複製となるのである。

トルヒーヨはサン・クリストバルの小商人の家に生まれた。サン・クリストバルは首都サント・ドミンゴの東に位置する海辺の町で、彼は三〇年後にここで最期を迎えることになる。トルヒーヨはほとんど学校にも行っておらず、若い頃に電信技師の訓練を受けて働きはじめた。しかし数か月で解雇されたので、兄弟とともに詐欺や横領の組織を立ち上げた。

金も人脈もない少年は、いつか見返してやると誓い、その後の人生をつらぬく人生訓を得た。すなわち悪行や背信でてっとりばやく立身出世ができるなら、そうした手段を使って合法性がかなり怪しい時の権力者に仕えたほうがいいということだ。若い頃に芽生えたこの最初の悪の本能を、彼は二段階で実践に移す。最初は一九一六年初め、アメリカ資本の大企業ボカチカのサトウキビ農園に警備員として雇われたときのことだ。これがグリンゴ（アメリカ人）との長い縁のはじまりだったが、この仕事には冷酷さが求められた。ついこのあいだまでならず者の一味だったトルヒーヨは、いまやかつての仲間たちにもいっさい手心をくわえることなく、前代未聞の暴力で徹底的かつ一貫して弾圧をくわえはじめた。そのノウハウを、彼はのちに自分のために用い、磨き上げていくことになる。二度目の出世のチャンスは、新政権が新設した国家警察隊の一員となったときのことだ。

野望を秘めた熱心な隊員

監視と殺害。この二つが、野望をいだく青年トルヒーヨが本能的に身につけ、強大な隣国アメリカに仕えるときのモットーだった。この年、一九一六年にアメリカ海兵隊がイスパニョーラ島に上陸した。ドミニカ共和国全土に拡大していた内戦に終止符を打ち、在住しているアメリカ国民を守るためというのが表向きの理由だったが、実際はサント・ドミンゴを保護下に置くことが目的だった。トルヒーヨは、アメリカが正規軍に代わるものとして導入した国家警察隊に入隊した。彼の祖父は若い頃、一九世紀末のキューバで、スペイン警察の一員として植民地当局のために反体制派のクレオール人の追跡・処刑にたずさわった。トルヒーヨもまた、農民の徴用、住民のたちのき、反体制派の粛清などを、祖父におとらぬ熱心さで任務を遂行した。未来の独裁者はまたたくまに出世の階段を駆けあがった。上官の一人がトルヒーヨをこう評している。「この将校はもっともすぐれた兵士の一人である」と。

この時点でトルヒーヨは何人を殺していたのだろうか。正確にはわからないが、同胞の抹殺を躊躇《ちゅうちょ》しなかったことは確かである。おそらく外国勢力の命令で手を染めた初期の犯罪をとおして、トルヒーヨはファウスト博士のように悪魔に魂を売ったのだろう。栄光の座へ登るのも早かったが、地獄に落ちるのもまた一瞬だった。

急ごしらえの国家警察隊で、未来の独裁者は希望に燃え、遠い将来を見すえていた。不安定だったこの国についにうちたてられた軍事的・政治的秩序、非の打ちどころのないピカピカの軍服、完璧な規律、効率性を象徴するこれらのものが、彼のはてしない野望、権力への渇き、犯罪への嗜好を満たす道具になっていくのだ。

首都中心部に腰をすえ、統制と抑圧の初期構造を作り上げ、やがてはこれを全国に広げようとしていたトルヒーヨは、ドミニカ共和国の政治的発展を最前線で見守る立場にあった。やがて当時の合法的政府は、秩序を維持し、また地方を牛耳るカウディーリョ（政治指導者）たちに対抗するため、かつてアメリカ海兵隊の手先だったトルヒーヨに頼らざるをえなくなる。オザマ要塞の内部で、トルヒーヨは蜘蛛のように巣を張り、時が来るのを待っていた。かつてのチンピラ・ペテン師は、地位を利用して金をもうけ、巨額の資金を不正に蓄財していた。金もあり、重要人物にものし上がっていた彼は、目標達成まであと一歩のところまで来ていた。

模範的クーデタ

一九二四年にドミニカ共和国から撤退する際、アメリカは無能な老政治家ホラシオ・バスケスを政権の座にすえた。またたくまに、さまざまな派閥間で政争が起こり、特有の政治風土からいって必然ではあったが、四方八方でクーデタ未遂事件が起きるようになった。バスケスは失脚したが、トルヒーヨは介入をひかえ、かわりに秩序回復と政治の正常化を支持するというポーズをとった。この状況が続くことを望まなかったアメリカ政府は、新たな選挙を行なうよう圧力をかけた。

こうした政争から距離を置くふりをしてはいたが、これは未来の独裁者が待っていた瞬間だった。巧みに不安を醸成させつつ、国内世論と海外の反応をあやつって、みずからを主役の座に押し上げていった。社会不安を生み出すため、本拠地の地番から「ラ・クアレンタ（40）」と名づけられた正真正銘の犯罪組織までつくって、反体制派や候補者の乗る車に機関銃を乱射させた。流血の襲撃事件がくりかえされて国じゅうが混乱におちいり、一〇〇人以上の死者が出た。

国は機能不全におちいった。そしていよいよ、無限の愛国心を誇るトルヒーヨが、最後の頼みの綱として登場、そして立候補である。数週間前には想像すらつかない出来事だった。一九三〇年五月二四日、国民もアメリカ政府も、不承不承ではあったが安堵のため息をつき、選挙が不正に行なわれていたにもかかわらず軍服姿の新大統領の勝利を認め、表向きの法治国家の復活を受け入れた。アメリカはだまされたことを苦々しく思い、その後もそのことを忘れることはなかったが、これ以上の混乱をおそれてなりゆきを見守った。

正式な就任式が行なわれる前から、トルヒーヨは絶対的権力の最後の土台作りにとりかかった。軍隊がいたるところに配備され、捜索と弾圧が加速し、新聞は口封じされ、地方の指導者たちは拷問と屈辱を受けた。行方不明者と死者が急増した。主だった政治指導者は逃亡したり暗殺されたりした。保守党の指導者ビルヒリオ・マルティネス・レイナは一九三〇年六月二日、妻とともに遺体で発見されたが、二人とも無数の銃創と刺し傷を受け、喉を切り裂かれ鼻を切りとられていた。このときの一連のテロにより、数千人が命を落とした。

大統領になると、かつての電信係は同盟を組んだ相手までも徹底的に抹殺していった。ライバルと目されるデシデリオ・アリアス（農業担当国務長官）も標的となった。軍の追走を受けたアリアスはシバオの山中に隠れたが、待ち伏せ攻撃に倒れた。夜会に出席していたトルヒーヨは、アリアスの首を袋に入れてもってこさせた。おりしも翌九月三日、トルヒーヨの権力奪取を象徴するかのような破壊的サイクロンがドミニカを襲い、行政機能はストップした。そしてこれに乗じて、トルヒーヨの当選に最後まで批判的だった人々が各地で暗殺され、そして自然死を偽装された。いまやサント・ドミンゴは荒廃し、二〇世紀最初の典型的な独裁政権を迎える舞台が整ったのである。

独裁者ってどんなもの？

小柄で小太りのトルヒーヨは、大元帥の軍服を脱ぐことはめったになかった。クロスベルトをかけ、ブーツを履き、つねに香水をたっぷりつけ、一日に何度もシャツと下着を替え、いつも謎めいた、こわばった笑顔で側近たちを凍りつかせていた。ムラート（白人と黒人の混血）の出自を隠すため、頭からつま先まで白粉をはたき、丸顔がひきしまって見えるよう小さな四角い口ひげをはやしていた。いかめしいそのいでたちは有名になり、彼に続く独裁者たちにも広まることになる。それは「ラファエル・レオニダス・トルヒーヨ・イ・モリナー閣下・大元帥・博士・ドミニカ共和国大統領・祖国の恩人・共和国の財政的自立の回復者」（大統領に対する者は皆、そうよびかけなければならなかった）に欠くことのできない要素となった。

一九三〇年五月二四日にはじまったトルヒーヨの時代は、ただ一人の人間に権力が集中した時代であり、ドミニカ国民にとって殺人・暴力・財政破綻と同義の時代であり、サトウキビ農園の管理人だった男の血まみれの両手に首を絞められていった時代だった。年号は以後、彼の大統領就任からの年数によって数えられた。一九三七年以後は、誇大妄想がエスカレートしていく。「民情視察」と称し、馬に乗って延々とパレードを続ける際には、あらかじめ住民たちが集められ、そのなかから見栄えのよい者だけが選ばれた。大統領閣下に国民の最良の部分だけを見せるためだ。ときには急ごしらえの凱旋門の上に登り、はてしなく続くパレードを眺め、人々が感謝を捧げる光景を堪能することもあった。ある農場を訪れた際、彼は補佐官をよんで土地の価格交渉を命じた。補佐官は困惑して戻ってきた。「相手は売らないというのか」と問うと、補佐官は口ごもり、所有者はあなただったんです、元帥閣下、と答えた。

トルヒーヨはしばしば、自分をイエス・キリストになぞらえた。母親たちがほうびの一〇〇ドルほしさに行列を作って子どもを彼の前につれてくると、多くの子どもたちの名づけ親となった。トルヒーヨは国いちばんの金持ちになった。共和国の機能は、もっぱら彼とその家族に利益をもたらすためフル回転した。一族は全国にちらばり、要職に登用され、暦は彼らの記念日で埋めつくされた。

勲章や表彰状のコレクターだったトルヒーヨが得た称号は、全部で二四か国からの四三点にのぼり、そのリストはうんざりするほど長かった。認められたい、世間を見返したいという思いの強かったトルヒーヨの発言は、伝記作家のローレンス・ド・ベゾーを驚かせた。権力の座に登りたいという願望が何歳ごろ芽生えたのかという問いに、トルヒーヨは「物心のついた子どもの頃から」と答え、権力をにぎろうと決意したのはいつかとたずねられると、「権力の座に登りたいと思いはじめたその日から」と答えたという。

このように気まぐれで常軌を逸した権力をふるったトルヒーヨだが、その行使にあたっては冷静そのもので、全国に監視と報復の網を張りめぐらした。ただ一つ存続を認められた政党は体制維持を唯一の目的とし、成年すべてが強制的に加入させられた。この政党の標語「公正・自由・労働・道徳」はトルヒーヨの名の頭文字と語呂あわせになっていた。それでもトルヒーヨが体制維持に用いた最大の手段は、なんといっても苛烈な弾圧だった。

正当性の根拠を暴力に置く偏執狂的な人間の常として、トルヒーヨはカフカ的な体制の名状しがたい不条理をともに体現する、二人の不吉な人物に支えられていた。アルトゥーロ・エスパイヤット、別名ナバジータ（「小さな刃」）、そしてジョニー・アッベスである。この二人が政権の中核をなす血なまぐさい組織を統率していた。それは軍部を補佐するものとして一九五七年に設立されたSIM（軍事情報サービス）という組織で、少しでも抵抗や反乱の兆候があれば粉砕することを目的とした、有能で残忍な組織だった。当時人口二〇〇万にすぎなかったドミニカ共和国で一〇万の人の連絡員を擁していたSIMは、その触手であらゆる情報をかぎつけ、思うがままに攻撃をしかけられるタコのような組織だった。そのサディズムと暴力は伝説となっている。汚れ仕事を一手に引き受け、国じゅうを巡回する無数の黒のフォルクスワーゲン・ビートルには、命令ひとつでいつでも逮捕・殺害にのりだす武装した男たちが乗りこんでいた。全国民にとって究極の悪の象徴であるこの車は、その後、長年にわたって輸入が禁止されることになる。

SIMによって抹殺されない人々も、郊外に建設された収容所に幽閉され、拷問や屈辱を受けた。「ラ・クアレンタ（40）」や「ヴィクトリア」などとよばれる収容所は、権力のトップにいる者すら震えあがらせた。ペルーの大作家でノーベル文学賞を受賞しているマリオ・バルガス＝リョサは、ラファエル・トルヒーヨ体制を描いた小説『チボの狂宴』（「チボ」は山羊のこと）のなかで、ヴィクトリア収容所に隣接する湾のことを描いている。そこには何十頭ものサメが徘徊しており、関節がはずれるほどの拷問を受けて虫の息の人間が生きたまま投げこまれ、餌としてあたえられていたという。

悲しむ家族に求められると、トルヒーヨはつねに胸に手をあて、行方不明者の発見に全力をつくすと誓った。この独裁者はいつも、自分は善意の塊であると主張していた。生まれついての俳優であり、病的な嘘つきなのだ。つねに旧憲法を守ってきた、大統領をつとめているのも、共和国が国民の投票をとおして自分を再選しつづけているからだとうそぶいた。大統領在任は一八年間にすぎず、アメリカからの非難を受けて、一九三七年以降は大統領職を断続的に中断することも余儀なくされた。だがこれは表向きのことで、後任の大統領たちはトルヒーヨに完全にあやつられた傀儡にすぎなかった。記者たちによれば、権力の委譲はメディア向けに仕組まれた演出で、「閣下」の車は数分後には大統領官邸の裏手に戻ってきたという。トルヒーヨは各議員に署名入りの辞表を秘密裏に提出するよう要求していた。それは私物化され孤立した政権が、民主主義なるものの手に負えない混乱から身を守るための、保証書のようなものだった。

首都サント・ドミンゴはシウダー・トルヒーヨ（トルヒーヨ市）と改名され、大元帥大統領の首の一ふり、怒り、そして指令に翻弄されて歳月がすぎていった。いまや全国に一八七〇体もの像が建立され、個人崇拝が確立していた。茶番劇があまりにも長く続きすぎて国家は破綻の危機に瀕していたが、より豊かでエネルギッシュなゆえにアメリカ政府がもっぱら注視していた隣の島国キューバとは異なり、ドミニカ共和国は等閑視されていた。そしてまさにこのキューバの首都ハバナで起きた騒乱が、軍服を着た悪党の没落をまねきよせることになる。

「山羊」の転落

ラテンアメリカの独裁者の大多数がそうであるように、巨大な隣国であるアメリカの保護を失えば、茶番劇の舞台は崩壊する。政治操作に長けたトルヒーヨはこのことをつねに認識していて、うしろだてとしてのアメリカへの知的・軍事的支持を堅持してきた。かつて海兵隊の協力者だったトルヒーヨは、アメリカにとって熱心で従順な国家指導者だった。だからこそアメリカ政府は長いあいだ、血に飢えたこのやっかい者に見て見ぬふりをし、支援さえしてきたのだ。

しかし状況が変わってきていることに、トルヒーヨは気づいていなかった。第一に、近隣諸国に新たな政権が次々と生まれていた。そして第二に、アメリカの外交政策を支配するのはもはや国防総省ではなく国務省になっていた。第二次世界大戦後のアメリカのエリート層にある種の価値観の変化があり、アメリカへの友情を誓うだけでは十分ではなくなっていた。小さな島国であるドミニカ共和国は、キューバに比べても、ベネズエラをはじめとするほかの国々と比べても、存在感や役割がいちじるしく低下していたのである。

アメリカの手先をつとめるこの残忍なカポ［強制収容所でナチに協力した補助看守のことだがここでは比喩］は、政治上の失策をくり返し、アメリカにとって排除すべき人物となっていく。政治家になって以来、彼は「黒人」を毛嫌いして軽蔑し、島から黒人の血を一掃すべきと主張していた。そしてじつは彼自身、母親がハイチの黒人支配層の子孫であることが発覚するのをおそれていた。ムラートに対するこうした敵意は、身の毛もよだつ結末へとつながっていく。自分のすることがどんな事態をまねくかの自覚もないまま、彼は一九三八年一〇月二日、三日、五日と、ドミニカの農民たちによびかけた。小銭をかせぎに毎日、国境を越えて来るハイチ人の日雇い労働者たちを虐殺してしまおうと。殺人狂の「山羊」のこの行為は、集団リンチの凄惨な光景を生み出し、三日間で一万二〇〇〇人以上の死者が出た。おそるべきこの事件は、ドミニカ政権の残虐性を北米の世論に強く印象づけた。

しかし第二次世界大戦が彼を救った。カリブ問題をかたづけようというアメリカ政府の意欲は、しばし棚上げとなったのである。しかし一九五〇年代の終わりにいたると、トルヒーヨ政権は現実から目をそむけ、孤立を深めていった。外交政策という名にふさわしい政策もなく、ヨーロッパの支持を得ることもできなかった。その最たる例はこの国の駐仏大使ポルフィリオ・ルビローザで、自国を支援してくれる同盟関係をつくれないこの政権の欠陥を象徴するような、とんでもない人物だった。着任するとすぐ、彼はパリのジェットセット・ピープルのあいだでもっとも人気のあるプレイボーイの一人となったのだ。

サント・ドミンゴはやがて、堕ちた独裁者たちの最後の砦となる。自国を追われた中南米の独裁者たちは皆、逃げ場を求めてトルヒーヨ市にやってきた。ならず者気質の抜けないトルヒーヨは、しめしめとばかりにこうした客人たちをおどして所場代を稼いだ。一九五九年にフィデル・

カストロが権力を掌握したキューバをはじめとして、周辺地域で社会主義体制が次々と足場を固めつつある潮流のなかで、ドミニカ共和国は反動の最後の砦となっていく。

トルヒーヨは幻想をいだいていた。アメリカは自分たちに、この地域の新たな動きを一掃してもらいたいのだと。そしていつものように、小商人のせがれを権力へと押しあげてくれた軍靴とズボンに身を固めつつ、今こそ行動を起こそうと決意する。

まず一九五六年三月一二日、反体制派の急先鋒で進歩主義者たちに近く、政権を厳しく批判していたヘスス・ガリンデスを、SIMの手でニューヨークのど真ん中で拉致・殺害させた。いくら同盟国とはいえ、世界最大級の都市であり、しかも外国でこんなやり方を強行することが決して許されないということを、トルヒーヨは理解していなかった。ましてガリンデスはCIAに雇われていたので、これは大失策だった。アメリカ政界はマンハッタンの中心部で、チンピラのような所業が堂々と行なわれたことに不快感をあらわにした。

それから数年後にも、トルヒーヨはふたたび政敵の暗殺をもくろんだ。一九六〇年六月二四日、トルヒーヨと激しく対立していたベネズエラの大統領ロムロ・ベタンクールを、自動車爆弾によって殺害しようとしたのである。ベタンクールは中米の政治を民主化することを提唱していた社会民主主義者で、同じ路線を支持していたアメリカ政府からの受けもよかった。ベタンクールは大やけどを負ったものの、その立場は大幅に強化された。

こうした残忍な襲撃事件は国際関係を混乱させ、問題を複雑にするものだとして、アメリカ政府もトルヒーヨ体制の排除を考えるようになった。キューバのフィデル・カストロがますます制御不能となっているだけに、アメリカにとってトルヒーヨ問題の解決は急務となっていた。着任早々のケネディ大統領は、二つの問題解決策を検討するよう指示した。第一の解決策は、カストロ政権打倒をめざした一九六一年四月一七日のピッグス湾の上陸侵攻であり、大失敗に終わったことで有名となる。そしてもう一つの解決策は、あまり知られていないが、トルヒーヨ政権内部の勢力に資金と武器をあたえ、「山羊」の息の根を止めようという計画である。ちょうど紀元前四四年三月一五日、ユリウス・カエサルを殺害して王となるのを阻止した刺客たちのように。

七人の刺客と一人のカエサル

ウォレス・ベリーが経営するスーパーマーケット「ウィンピー」は、ドミニカ共和国におけるアメリカの経済進出を象徴する最後の場所だった。一九六一年五月末の日々、この店の裏手で、この島におけるアメリカ外交の最高責任者である領事ヘンリー・ディアボーンが、刺客たちにこう言い聞かせていた。アメリカから武器を渡された何千もの亡命キューバ人が、髭面のフィデル・カストロの権力を奪取することに失敗したピッグス湾事件の顛末を受けて、中米におけるアメリカの政策が変わったということだ。

ディアボーンはアメリカの歴代の政権のために、陰謀計画の仲介役を演じることにうんざりしていた。大国アメリカはこれ以上、陰謀に肩を貸すことはないだろうと、彼は刺客たちに釘を刺した。だが、彼らはもう一年以上、強大な隣国からのゴーサインを待っていたのだ。一方でトルヒーヨは暴政を加速させていた。教会を攻撃する一方、捨て身で一連の暗殺と挑発を行ない、モスクワに向けてもなりふりかまわぬアピールを開始していた。

領事はワシントンとのやりとりをとおし、何か月も前から独裁者の抹殺を、それが唯一の解決策であると強く推奨していた。彼の用いた比喩が多くを物語っている。「ドラキュラを思い出してください。その犯罪行為を止めるには、心臓にナイフをつき刺すしかないのです」。「吸血鬼」の処刑人は厳選されていた。その大部分は、政権に近い者でありながら「吸血鬼」の暴力の被害を受けた人々だった。

アメリカが暗殺から手を引いたものの、陰謀計画は進捗していてもはや後戻りはできなかった。決行は一九六一年五月三〇日夜と決まった。そして独裁者の車が予定どおりの時刻に刺客たちの車の前を通過したら、すぐさま追跡を開始することになった。

トルヒーヨは大柄で美しい若い女性が好きだった。サン・クリストバルの豪邸で、彼はみずから白羽の矢を立て、家族が進んで差し出した女性たちと密会していた。しかしその夜、おかかえ運転手のザカリアスは、二台の車がせまってくるのをバックミラー越しに確認した。追いついて並走した一台が発砲した。ザカリアスは銃弾をよけ、車から降りてみずからも発砲した。撃ちあいになったが、刺客の数がまさっていた。逃げようとしたトルヒーヨは撃たれて負傷した。それにしても、彼は武器を使ったのだろうか。多くの歴史家は否定的だ。重傷を負ったトルヒーヨは、至近距離からとどめの一撃を受けた。この国を独裁から解放する一発を放ったのは、デ・ラ・マザと考えられている。

しかし運転手のザカリアスは逃げおおせ、事件を通報した。そしてまたしてもおそろしい弾圧が起きた。殺人犯たちは指名手配され、デ・ラ・マザをはじめ多くが銃撃戦で死亡した。

襲撃計画の首謀者ローマン将軍はＳＩＭに逮捕され、トルヒーヨの息子で、軍人とは名ばかりで遊び人として名をはせていたラムフィスの手で殺された。将軍は死ぬほど殴られ、眼球をえぐられ、尿道に電線を入れられたあげく、至近距離からとどめの一発を浴びた。遺体はアリ塚の上に投げすてられた。かつてトルヒーヨの右腕だったホアキン・バラゲールが独裁者の後任大統領となり、民主主義へのゆるやかな移行がはじまる。そしてラムフィスは、国民から盗んだドルがぎっしりつまった父親の棺桶とともに、船でヨーロッパへとのがれた。

グザヴィエ・ド・マルシ

参考文献

文学

LLOSA Mario Vargas, *La Fête au Bouc*, Paris, Gallimard, 2002.（マリオ・バルガス＝リョサ『チボの狂宴』、八重樫克彦／八重樫由貴子訳、作品社、二〇一〇年）

トルヒーヨにかんして

CAPDEVILA Lauro, *La Dictature de Trujillo*, Paris, L'Harmattan, 1998.
ESPAILLAT Arturo, *Les Dessous d'une dictature*, Paris, Calmann-Lévy, 1966.
DE GALINDEZ Jesus, *L'Ère de Trujillo*, Paris, Gallimard, 1962.
DE LA SOUCHÈRE Elena, *Crime à Saint-Domingue*, Paris, Albin Michel, 1972.

アメリカ合衆国とラテンアメリカについて

ANTONEL David, JAUBERT Alain, KOVALSON Lucien, *Les Complots de la CIA*, Paris, Stock, 1976.
DUBUIS Étienne, *L'Assassinat de dirigeants étrangers par les États-Unis*, Lausanne, Favre, 2011.
ROLINAT Jean-Claude, *Hommes à poigne et dictateurs oubliés de l'Amérique exotique*, Grez-sur-Loing, Pardès, 2006.

13 毛沢東
共産主義の食人鬼
(一八九三―一九七六)

赤い中国の「偉大な舵とり」が仮面をかなぐりすてると、むき出しの暴力が牙を剥《む》いた。革命――本人によると革命は必然的に暴力的である――の名のもとで犯されるあらゆる暴挙は、国を正しい軌道にのせるための必要悪であった。毛にとって、目的が手段をつねに正当化するのは自明の理であった…

若いころの毛にとって、人を殺すことなど考えるだけでおぞましかった。革命とは一種の知的な論戦であり、反動勢力は理性の力に屈服して、自分たちがいかに無用な存在であるかを悟り、進歩的勢力に道をゆずるだろう、と考えていた。しかし、やがて、権力を奪取するには無慈悲に徹し、おびただしい血を流さねばならない、と得心した。一九二七年、毛は次のように語っている。「革命とは、客を招いてご馳走《ちそう》することでもなければ、文章を推敲《すいこう》したり、絵を描いたり、刺繍をしたりすることでもない。そのように優雅で穏やかでお上品なものではない。革命とは蜂起、暴力である。一つの階級が別の階級をうち倒す暴力行為なのだ」

このロジックにしたがうと、革命は暴力と血のなかで成就する。毛はもっと早い時期にこのことを気づいておくべきだったのだろうか？　むろん、そうだ。しかし、だれにでも若気のあやまちはあるものだ…。一九一八年、彼は青雲《せいうん》の志《こころざし》をいだいて、生まれ故郷の湖南省の友人数名と北京にのぼった。一八九三年一二月二六日生まれだから、二四歳だ。青年最盛期だったといえる。教員免状を手にした自分に、未来の扉は大きく開かれるにちがいない、と思っていた。だが、熱意に燃えたお上《のぼ》りさんたちは狭苦しい住まいでみじめな共同生活を送るはめとなり、毛自身が見つけることができたのは、北京大学の図書館司書補というしがない仕事だった。それも、拝み倒してやっともらえた働き口だった。給金が雀の涙であったのみならず、高慢なインテリたちがみせる侮蔑的な態度に耐えなければならなかった。それでも毛は、興味をそそる講義が行なわれる教室に聴講生としてしのびこむことができた。ある日のこと、思いきって哲学科の教授であった胡適に質問したところ、胡適は威嚇的な態度で「あなたは正規の学生ではないので、質問に答えることはできません」と返し、とりつく島もなかった。

毛の知識人に対する強い憎しみはこのころに培《つちか》われた。自分たちがいちばん賢いと思っている連中だ…。むろんのこと、当時の毛には彼らの増上慢《ぞうじょうまん》を罰する手段がなかった。当然ながら、彼らはのちになってきっちり罰せられることになる。毛はつねに執念深かった。彼を侮辱した人間はだれでも報いを受けることになる。

失望した毛はわずかな荷物をまとめ、すごすごと生まれ故郷の湖南省に戻った。彼にとってまことに残念なことに、一九一九年五月四日、北京の大学生たちが愛国の情に駆られ、日本人と西欧人に対して立ち上がった。毛は遅れをとった。これ以上、置いてきぼりにされないため、彼は同じ年の七月に省都である長沙市で、湖南学生連合の機関紙「湘江評論」を創刊した。

このころの毛はまだマルクス主義者ではなく、どちらかといえばアナーキストであった。ゆえに彼は女性解放を主張した。もっとも彼が考える女性解放とは、女性にもきつい肉体労働に従事することを認めるべきだ、これは女性にとって不可侵の権利だ、というものだった。ただし、家事はこれまでのように女性の仕事だ。それだけでない、因習を打破して、女性たちも性的に解放されるべき、と毛は唱えていた…

勝利するのは力のみ

一九一九年の終わり、湖南省長官である張敬尭（異名は蝮《まむし》）の態度に毛沢東は衝撃を受けた。河川港湾都市である福州市で、高校生や大学生が日本海軍陸戦隊の暴挙に抗議してデモに立ち上がったのに、張は眉一つ動かさなかった。それどころか、自省でも学生蜂起が起こると、鎮圧のために、弟の張敬湯が率いる強力な分遣隊を送りこんだ。

張敬湯は自信たっぷりで、「おまえたち湖南人はならず者だ！　おまえたちの女も同じだ」とがなり立て、一人の大学生をサーベルで斬りつけることまでやってのけた。

群衆に銃口を向ける兵士たちに反撃し、勝利をおさめるための唯一の手段とは？　力の行使だ。それ以外の方策を探るなんて、むだなおしゃべりにすぎない…以上を毛は理解した。

一九二〇年一月、彼が尊敬していた恩師、楊昌済《ようしょうせい》が死去した。彼にとって、一九一九年一〇月五日の母親の死に次ぐ衝撃であった。こうした試練をへて、彼の心は険《けわ》しくなるばかりだった。だが、悲しみは、楊先生の娘である開慧《かいけい》と同棲をはじめることのさまたげとはならず、二人は一九二〇年末に結婚した。毛は一生をとおして漁色家であった。これは偉大な皇帝の特権である。毛がマルクス主義に目覚めたのは一九二〇年代の初めである。その当時、共産主義者はごく少数であった。中国全土で党員はたった五七人だった！　共産党の結党大会に出席した代表は一三人しかいなかった。

一九二一年七月の終わり、代表たちは上海フランス租界の一軒の家に集まった。コミンテルンから派遣された二人（オランダ人のヘンク・スネーフリートとソ連のウラジーミル・ネイマン）は別として、この大会の主役は張国燾《ちょうこくとう》だった。がっちりとした体格、短く刈りこんだ頭髪を特徴とする張は、われらが毛沢東と同様に地方の名士の息子であったが、実家はずっと裕福だった。伝統的な長い漢服《かんふく》に身を包んだ毛はおずおずとして口もきけず、張の演説を聴いていたが、突然、一人の男が闖入《ちんにゅう》した。だれも知らないこの男は、意味不明な言葉をもそもそと口にした。これは警察が送りこんだ偵察ではないかと疑ったスネーフリートは、一同に退散を命じた。コミンテルン代表を除いた大会参加者たちは、上海の隣にある小さな町、嘉興《かこう》に潜伏し、賃借した遊覧船を拠点として結党作業を継続した。

この大会で湖南の責任者に選ばれた毛は、共産党専従としての報酬を支払われることになった。そのお陰で、長沙市の清水塘《せいすいとう》という街区に開慧とこじんまりした所帯をもつことができた。幸福な時間が流れた。毛は妻を愛し、政治活動に励み、共産党のヒエラルキーを駆けあがった。

共産党は、民族主義的革命家である孫文が指導する国民党との同盟［国共合作］を足がかりに勢力を拡げつつあった。共産党と国民党の双方に参加することは容認されるばかりか、奨励されていた。たとえば一九二六年、毛は国民党農民運動講習所［幹部養成校］の所長として広東に派遣されている。毛はここの仕事が気に入り、宗旨替えして国民党の側につこうかとさえ考えた。しかし故郷に戻ると、ふたたび筋金入りの共産主義者となった。

一九二七年三月、毛は中国共産党指導部に「農民運動に関して湖南で行なわれた調査の報告書」を提出した。これは宣戦布告にほかならなかった。このころに毛が到達した心境を雄弁に物語るくだりを紹介しよう。「農村における革命とは、地主の封建的権力の農民による転覆である。地主の権力は何千年もあいだに強固に根づいたものであるから、多大な努力をはらわぬかぎり、農民がこれを転覆することは決してないだろう。結集すれば巨大な集団となる何百万人もの農民を動かすには、強力な革命の気運が必要だ。先に述べた『過激』はまさに、農村で興《おこ》る強力な革命の気運に由来する。農民運動の第二段階（革命行動の段階）においては、こうした『過激』が必須となる」

こうして毛がどんどんとりこんで血肉化していった暴力だけが、歴史の誕生を助けることができるのだ。暴力は歴史の産婆である、と喝破《かっぱ》したのはマルクスであるが、これは正鵠《せいこく》を射ている。ゆえに暴力は必要であり、望ましいとさえいえる。

毛は同時に、農村こそが中国の未来の革命の火元となる、と思いいたった。だが、毛が言うところの農村における暴力、すなわち「過激」は党の慎重派を縮みあがらせた。同志の多くは「過激」をおそれたが、毛は夢中になった。農民たちが田舎地主の家に押しかけ、豚を殺し、穀物を奪い、あげくのはてには「地主の娘や妻の象嵌《ぞうがん》細工がほどこされた寝台」に寝転ぶ――おそらくは、次に彼女たちを暴行するために――といった所業に出たときも、いや、なによりもそういったときに毛は悦に入った。怒り狂った群衆は、地主たちから金をゆすりとり、侮辱し、投獄し、追放した。毛にとって、これ以上に喜ばしいことはなかった。

暴力が有害だって？　とんでもない、それどころか世界一の助言者である。階級の敵を攻撃し、追いつめて意のままに従わせ、痛い目にあわせ、殺す。革命側と反革命側のあいだの溝《みぞ》を修復できないまでに広げるためには、もっともっと血が流れる必要がある。

毛の報告書が提出されてから一か月後、国民党軍［国民革命軍］総司令官で故孫文の後継者を自任していた蒋介石がとった行動が、毛の過激志向をさらに焚きつけた。コミンテルンに造反したフランス人、ジャン・クルメを情報源として、アンドレ・マルロー〔フランスの作家。インドシナの反植民地主義運動にも参加〕は自分流にこのエピソードを『人間の条件』（一九三三年ゴンクール賞受賞作品）のなかで描いた。北京を制圧しようと北に向かっていた〔北伐〕はずの蔣介石は、油断していた上海の共産党員たちを急襲した〔上海クーデター〕。文字どおりの虐殺だった。共産党員たちは市中で首を斬られ、生首は皿にのせられて運ばれた。夜になると郊外で、軍用トラックのヘッドライトの灯りで銃殺が行なわれた。多数の死傷者が出たが、蒸気機関車の釜《ボイラー》のなかに投げこまれた共産主義者は一人もいなかった。これは小説家マルローの空想の産物以外のなにものでもないが、『人間の条件』出版以来、情報源をチェックする手間をはぶいた多くのコメンテーターや歴史研究者のせいで事実として一人歩きしている。

国民党軍による共産党弾圧は全国に波及したが、湖南に戻っていた毛はぶじだった。じつに幸運であった。中国共産党活動家は、一〇人のうち八人の割合で消息不明になっていたからだ。そのうちには殺された者も、恐怖のあまり共産主義の過去をすてさった者もいた。しかし、毛のように、この弾圧を生きのびた者たちは意志強固となり、なににも怯《ひる》まない覚悟ができた。

血を流すのを躊躇《ちゅうちょ》しない

毛は、上海クーデターを起こした蔣介石を恨んだのであろうか？　むろんのこと、直後は恨んだ。しかし、よくよく考えてみると、蔣介石はまちがっていなかった、と毛は結論づけることになる。蒋介石もしくは共産党のどちらかしか生き残ることはできないのだ。中国共産党だって、蒋介石の立場にあったら情け容赦なく殺戮しただろうから。蒋介石は最悪の敵だったが、それでも毛は敵将を偉大な政治家として認めていた。蒋介石が内戦に敗れ、一九四九年にみじめにも台湾に逼塞《ひっそく》することになったとき、中国の新たな支配者となった毛は、蒋の生家を大切にするよう指示した。皇帝たちは互いに戦う、だが相手を侮辱したりしない。どちらも殺戮《さつりく》に手を染めた？いまも殺している？　それがなんだ。皇帝には殺す権利があるのだ。権利というより義務だ……

上海クーデターをへて、毛の決意はゆるぎないものとなった。これから先、血を流すことを決して躊躇《ちゅうちょ》しない、と。彼がこれを最初に実践したのは、井崗山《せいこうざん》［江西省］を拠点として、なかば政治信念に駆られた戦闘員、なかば盗賊という貧弱な部隊をひきつれて、あちこちに出没するゲリラの指揮者となったときだった。たいした戦闘はなかったが、それでも戦争だった。敵方も容赦しなかった。一九三〇年、毛が長沙を攻囲しようと試みたとき、国民党軍は三人の息子と長沙に残っていた開慧に圧力をかけた。

「毛と離縁する、と公表せよ！」と国民党軍はせまった。だが、変わらずに夫を愛していた開慧は健気《けなげ》にもおどしに屈しなかった。その結果、一一月一四日に彼女は処刑された。

毛を襲った悲嘆は、やがて憤怒《ふんぬ》に置き換えられた。幸いなことに毛は、ほぼ三年前から賀子珍《がしちん》という別の女性と暮らしていた。彼女の存在は心理的衝撃をやわらげてくれたが、復讐心はおさまらなかった。一か月半後、彼が率いるゲリラ部隊は国民党軍第一八師団を率いる将帥、張輝瓚を捕縛した。張は蔣介石の親しい友人でもあるので、またとない獲物《えもの》だった。蔣介石は、張の解放を求めて多額の身代金の支払いを申し出た。

目にものを見せてやる好機だ。毛は、大衆を教育するために大集会を開いた「人民裁判」。がっちりした体とはまことに不つりあいな細い声――これは本人にとって克服すべき妙なコンプレックスであった――で、毛は群衆を煽《あお》った。「こいつの首を斬るのだ！　こいつの肉を喰らうのだ！」

毛の合図でサーベルがふり下ろされると、張輝瓚の首は地面に転がった。毛はこれを戸板に固定し、贛江《かんこう》に流した。張中将の部下たちがいる川下まで流れ着けば、これほど明快なメッセージはあるまい…

めでたいことに、毛は――当然ながらソ連の同意を得てのことだが――中華ソヴィエト共和国の主席の座を射止めた。一七万平方キロメートルの広さをもつこの「共和国」は、行政区である複数の中国共産党革命根拠地［はじめはソヴィエト区とよばれ、やがて改変をへて抗日根拠地、最後には解放区とよばれる］に分かれていて、そのうちの一つが、毛が治める中央ソヴィエト区であった。臣民――市民とよぶのは語弊がある――は約一〇〇〇万人の農民である。小ぶりな都市、瑞《ずい》金《きん》市が首都となった。

めでたさに水を差したのは、党幹部の何人かが毛に異議を唱えようとしたことだ。毛は、そのようにけしからんことを我慢できなかった。

中国共産党の公式の歴史がよぶところの「富田事変」、じつは毛が実行した大規模粛清は、何千人もの党員の命を奪った。はじめは四四〇〇人が殺され、次に、やがて人民解放軍元帥となる忠実な陳毅《ちんき》の活躍で二〇〇〇—三〇〇〇人が犠牲となった。しかも、殺し方がこっていた…。処刑人たちは、自分たちが実践する嗜虐的なかわいがりに詩情あふれる名前をつけた。「地雷を爆発させる」とは、親指をゆっくりとくだくことを意味した。「箏を弾く天人《てんにん》」とは、ペニスを貫通させた針金を犠牲者の耳に結びつけて、琴を弾《はじ》くように弾く拷問をさす。銃口の掃除に使う棒を真っ赤に熱して肛門に差しこむ、という秀逸なアイディアも実行に移された。こうした拷問は主として男性向けであった。女性は、小刀で乳房を切りつけられたり、点火した火縄で膣を灼かれたりした…

当然ながら、毛はなにも見ていない、聞いていないふりをした。本物の指導者は、実行手段のような些事《さじ》には関与しないものだ。指導者といえば、同志や党指導部からの批判で立場が悪くなった毛［中華ソヴィエト共和国において地主の土地を奪って貧農に分けあたえる毛の「土地革命」が問題視され、国民党軍との戦いの戦術についても党指導部と毛のあいだに意見のくいちがいがあった］を救ってくれたのは、もう一人の指導者である蔣介石であった。国民党軍の総司令官である蔣は、共産主義ゲリラにふたたび攻勢をかけることにした。「共産主義の盗賊どもを殲滅する作戦」の開始、ということだった。これにより、毛に反対していた者たちも、毛を中心として団結せざるをえなくなり、上海で地下活動を続けていた党指導部も毛の罪科を帳消しにするほかなかった。

一万五〇〇〇人の国民党軍の兵士（そのうちには四人の将軍もふくまれていた）を捕縛するという手柄を立てた毛を批判することはむずかしかった。

だが、党内の地位を確立するまでの道のりは長かった。モスクワは、ソ連で教育を受けた「二八名のボリシェヴィキ」の一人である博古《はくこ》を中国共産党の指導者として推《お》し、ドイツ人のオットー・ブラウンを軍事面で博古を補佐する顧問として派遣することを決めた。一九三四年一〇月、蒋介石が率いる国民党軍の猛攻にあった共産党の新指導部は、長征の開始を決定した。中国南東部の江西省から北西部の陝西省にいたるまでの距離を紅軍［共産党軍］が歩いて移動する人間移牧である。失墜していた毛は、決定的に排除されるところを首の皮一枚でつながり、冷や汗をかいた。

怖い思いをしようとしまいと、毛は谷底につき落とされても這い上がる能力の持ち主だった。一九三五年二月、彼はナンバーワンの地位を奪い返した。四年前から別の農村根拠地を守っている張国燾《ちょうこくとう》と合流すべく、中央紅軍［紅一方面軍］を西へと率いることになったのは毛であった。すでに述べたように、毛と張は中国共産党結党大会以来の知りあいであった。張は毛にとって危険なライバルであった。なにしろ、疲弊して栄養失調におちいった毛の紅一方面軍の一万五〇〇〇人の兵隊と比べ、張が率いる紅四方面軍の五万人の兵士は元気で装備も充実していた。だが、弱者は権謀術数《けんぼうじゅっすう》をめぐらし、強者は一敗地《いっぱいち》にまみれることになる。

最高指導者、毛の復活だ。日本軍が中国侵略を強めるなか、国民党軍の総司令官である蒋介石と毛のあいだで、再度の国共合作が決まった。一九三七年のはじめ、蒋介石は北京から南東一〇〇〇キロに位置する小都市、延安を毛沢東が新たな紅軍根拠地とすることを認めた。思うがままに統治するため、毛は汚れ仕事をまかせたら比類なき男、すなわち超一流の殺し屋を見つけた。だれあろう、康生《こうせい》である。ほっそりしたフレームの眼鏡をかけたいかにもインテリ風の康生は極秘事案のスペシャリストであったが、その実《じつ》、無類の追従者《ついしょうもの》、おべっか使いであった。康はかつて自分の愛人であった魅力たっぷりの女優、江青を毛の寝床に送りこんだ——むろん、大歓迎された——だけでなく、一九四二年二月からはじまる「整風運動」を組織したのも彼だった。一一年前の富田事変と同類の、大々的な粛清であった。洗脳が行なわれ、党から四万人が排斥され、何千人もが拷問を受け、何百人もが殺された。毛本人が手法を指示した。「まずは、〝おまえは病気だ！〟と叫びながら、恐怖のあまり汗が噴き出すまで病人をゆさぶり、次に治療を受けるようにやさしく勧めるのだ」

この毛沢東の指示を完璧に理解した康生は、病人に次のように話しかけた。「おまえたち全員は、国民党のスパイだ！　悔悛の証拠を見せろ。そうしたら許してやる。しかし、よく憶えておけ。すべての悔悛が誠実というわけではない。再教育とは時間がかかるプロセスなのだ…」

中国の新たな支配者

とはいえ、整風運動はあまりにも血なまぐさいものとなったので、毛は——いつものことであるが——自分に替わって暴挙の責任を負うスケープゴートを差し出す必要にせまられる。康生が選ばれた。批判され、失脚した康生は数年後、精神に異常をきたして入院する。だが毛は彼を殺そうとはしなかった。これほどの大量殺人をやってのける人物は、少々いかれていようとも、また必要になることがあるだろうから……

その間も侵略者である日本軍との戦いは激しさを増し、残虐な様相をおびるようになったが、毛は紅軍を日本軍との戦いで疲弊させることは避け、そういったたいへんな仕事は蒋介石にまかせた。国民党軍が厳しい戦いでボロボロになってゆく一方、共産党の大将はやがてはじまるであろう蒋介石との最後の戦いを準備した。日中戦争が終わると、中国は内戦に突入したが、紅軍を温存していた毛は当然ながら（！）楽勝した。一九四九年一〇月一日、ついに中国の支配者となった毛は天安門広場で中華人民共和国の成立を宣言した。

中国を支配することになった共産党幹部が新たな貴族階級として、北京の中心、大小二つの人工池（南海と中海）に面した中南海——党幹部用の新たな紫禁城だ——の赤い壁の後ろに居をかまえるあいだも、大地主だけでなく小地主、ブルジョワ、その他の「国民党の下僕たち」に対する弾圧は熾烈さを増していた。彼らは見せしめのために群衆の目前で糾弾され、その後に離れた場所で処刑された。優秀な処刑人は、無骨だがまことに信頼性が高いソ連製の自動拳銃トカレフを用い、「反革命分子」八人それぞれの首に一発ずつ撃ちこんで、二〇秒で弾倉を空にすることができた［トカレフの装弾数は八発］。この調子で処刑したので、数字はすぐに積み上がった。

一九四九年から一九五四年までのあいだに、三〇〇〇―四〇〇〇万人が殺された。数字として悪くないが、改善の余地はある。一九五七年、毛は新たな気紛《きまぐ》れにとり憑《つ》かれた。共産党による新体制を熱烈に支持しているにちがいない――これは毛の思いこみにすぎなかった――国民に、自由闊達《かったつ》に意見を述べさせてみよう、というアイディアだ。このために彼が考え出したスローガンは「百花斉放百家争鳴」［多彩な文化を花開かせ、多様な意見の論争をまきおこす］であった。問題は、国民がこのスローガンを文字どおりに受けとめたことだった。知識階級を中心として、共産党独裁に対する批判の嵐がまきおこった。彼らは口を閉ざしておくべきだった…。読者がすでにご存じのように、毛主席は大学図書館司書補であったころから、知識人を毛嫌いしていた。

復讐はじっくり準備すればするほど味わい深いものとなるので、熱々ではなく冷ました料理の一皿に喩《たと》えられるが、毛の復讐は冷めたどころか凍った一皿であった。毛は突然一八〇度態度を変え、百花斉放キャンペーンのほんとうの目的は「蛇を穴からおびき出す」ことだったのだと言いだし、「知識人の一割は右派である」と断じた。政治警察はこのメッセージをしっかりと受けとめた。毛の態度豹変に続いて起きた粛清では、実際に知識人の一割にあたる五〇万人もの知識人が狙い撃ちにされたのだ。林彪《りんぴょう》元帥が一九五八年五月八日、秦の始皇帝が紀元前二四〇―二一〇年の統治のあいだに書物を焼き、知識人を生き埋めにした焚書坑儒《ふんしょこうじゅ》のエピソードをもちだしたところ、毛は侮《あなど》りの色を浮かべて次のように述べた。「始皇帝なんて話にならん！　たった四六〇人の儒者を生き埋めにしただけじゃないか。われわれは四万人も葬ったんだからな」

林同志よ、わかったかな？　主席はこのとき、「大躍進」政策［農業と産業の大増産をめざした政策。生産手段の強引な集約化と、むりな目標の押しつけにより、大失敗に終わった］を実施に移している最中だった。一九五八年から一九六一年にかけて、四万人の知識人どころではない、四〇〇〇万人もの国民を殺すことになる政策であった！「反革命分子」が犠牲者となった前回までの粛清と違うのは、四〇〇〇万人が飢餓や物資不足や衰弱で死ぬ大惨事を毛が意図していなかった点だ。彼が望んだのは、共産主義の完全無欠なステージに国民を引き上げることだった。悲しいことに主席の目論見《もくろみ》ははずれ、毛の理論と現実とのあいだの大きな乖離《かいり》のツケを払わされたのは気の毒な国民であった…

毛自身もそれなりに痛手を受けた。ソ連のフルシチョフ——神様ならぬマルクス様が天上から見守っているというのに、毎日のように偉大なスターリンの偉業を裏切っている男だ——の走狗《そうく》である劉少奇《りゅうしょうき》とその仲間の反動分子たちが、大躍進のおぞましい失敗を好機とばかりに、表向きは礼節をつくしながらも毛を排除しようと試みたのだ。その結果、いったんは国家主席を辞任した毛であったが、以前の権力をあますところなく奪還するため、一九六五年に天下《てんか》擾乱《じょうらん》を起こすことになる。文化大革命である。約一〇年のあいだ、中国をほぼ無政府状態におとしいれる大混乱のはじまりであった。

新たに三〇〇〇万人以上の犠牲者が出るが、これは国民が「偉大な舵とり」に捧げるべき貢《みつ》ぎ物ではないだろうか？　ふたたび血が流れた。「通常」時のように小川のような流れではなく、大河のように。またしても、拷問手法は創意工夫を競った。針金でしばって河までひきずり、溺死にさせる。「頭を冷やして考えさせる」ために裸で雪のなかに寝かせる、もしくは「熱烈な支援」と称して窯に放りこんで焼き殺す。死刑執行人が犠牲者に馬のりになり、力つきるまで這いまわらせる、という拷問は「ロバがまわす粉挽き装置」と名づけられた。被害者の首に、白熱した金属の首輪をかける拷問は「オーブンをぶら下げる」とよばれた。両腕をしばってつるした被害者の体を殴って回転させる責め苦は「ねじりんぼう菓子」であった。より古典的な手法であるが、ペンチで歯や耳を引きぬく拷問、棒で打擲《ちょうちゃく》しての撲殺、剣や槍での刺殺も行なわれた。腹を切り裂く、肋骨を折る、顔を傷つけて醜貌《しゅうぼう》とする、妊婦の体から胎児を引き出すといった残虐行為もあった。こうしたすべては、弾丸の節約になった。中国は貧しい国なのだから、当然だ！　思い出してほしい、同じころ、フランスでは進歩的知識人たちが毛を天才として崇めていたことを。スターリン時代のソ連でみられたように、党の大幹部が公開裁判で犯罪者として裁かれることはなかった。ここ中国では、よりひかえめな手法が採用された。たとえば、毛に替わって自分が偉大なる舵とりになる、という大それたことを考えた「中国のフルシチョフ」こと劉少奇は、持病の薬をいっさいあたえられず、日常的に殴られつづけたあげく、一九六九年一一月、監禁されていた開封市の倉庫部屋で衰弱死した。検死した医師は「病による正常死」と診立《みた》てた。名警部メグレならぬ一般人であっても、怪しいと思わざるをえない診断である…

文化大革命に必要な人材として、毛は康生をふたたび重用した。妻の江青をふくめた「四人組」の後ろにひかえ、文化革命の糸を引いていたのは康生であった。毛は、康が地位を利用して、文革によって各地で掠奪された貴重な中国の文化財を数多く自分のものとしていることを知っていたが、気にしなかった。国の過去をご破算にするときにはなんでもありだ！

後世の評価は？　筋金入りの左翼は、以前の「偉業」を考えると文革のころの毛沢東はおとろえた、と残念がることになる。その一方、精神が細やかな人は、毛がふたたびナンバーワンになるために起こした「天下擾乱」の惨禍が、いかにすさまじく身の毛のよだつものであるかを強調することになる。

ＡＬＳ［筋萎縮性側索硬化症］のために呼吸が困難となって一九七六年九月九日に北京で死去するまで、毛沢東はナンバーワンでありつづける。毛主席はもはやだれからも異議を唱えられない存在となった。文革終了後にナンバーワンの座に躍り出る短軀《たんく》の一言居士《いちげんこじ》、鄧小平《とうしょうへい》のように間接的に批判する者はいたにはいたが、公然と歯向かう者は皆無となった。毛の完勝であった。毛は、手をゆるめず回を追うごとにますます激しく攻撃する、という自分の方針はなんと正しかったことよ、と何度も何度も回想しながら息を引きとった。革命とは、人を招いてご馳走《ちそう》するようなお遊びではないのだ…

レミ・コフェール

参考文献

ANDRIEU Jacques, *Psychologie de Mao Tsé-toung*, Bruxelles, Complexe, 2002.

CHANG Jung et HALLIDAY Jon, *Mao*, Paris, Gallimard, 2006.（チン・ユアン／ジョン・ハリデイ『マオ——誰も知らなかった毛沢東』（上・下）、土屋京子訳、講談社、二〇〇五年）

DOMENACH Jean-Luc, *Mao, sa cour et ses complots, Derrière les murs rouges*, Paris, Fayard, 2012.

FALIGOT Roger et KAUFFER Rémi, *L'Hermine rouge de Shanghai*, Rennes, Les Portes du Large, 2005.

FALIGOT Roger et KAUFFER Rémi, *Kang Sheng, le maître espion de Mao*, Paris, Perrin, coll. «Tempus», 2014.

KAUFFER Rémi, *Le Siècle des quatre empereurs, Sun Yat-sen, Chiang Kai-shek, Mao Zedong et Deng Xiaoping*, Paris, Perrin, 2014.

MACFARQUHAR Roderick et SCHOENHALS Michael, *La Dernière Révolution de Mao, histoire de la Révolution culturelle*, Paris, Gallimard, 2009.（ロデリック・マクファーカー／マイケル・シェーンハルス『毛沢東 最後の革命』（上・下）、朝倉和子訳、青灯社、二〇一〇年）

ROUX Alain, *Le Singe et le Tigre, Mao, un destin chinois*, Paris, Larousse, 2009.

SHORT Philip, *Mao Tsé-toung*, Paris, Fayard, 2005.（フィリップ・ショート『毛沢東——ある人生』（上・下）、山形浩生／守岡桜訳、白水社、二〇一〇年）

ZHISUI Li, *La Vie privée du président Mao*, Paris, Plon, 1994.（李志綏『毛沢東の私生活』（上・下）、新庄哲夫訳、文藝春秋、一九九四年）

14 ニコライ・エジョフ スターリンの「血まみれの小男」

（一八九五—一九四〇）

ソ連で、一九三七年から一九三八年にかけて行なわれた大粛清（大テロル）は、ニコライ・エジョフの名をとってエジョフシナ（エジョフ体制、エジョフ時代）といまだによばれている。エジョフは、スターリンに選ばれ、ソ連を血の海にした人物である。しかし一九三七年にもてはやされ、一九三九年に抹殺されたこの男はいったい何者だろうか。ソヴィエトの記録文書は、「血まみれの小男」とよばれ、どうみても出世とは無縁だったこの不気味な人物の像を浮かび上がらせている。

ニコライの父、イヴァン・エジョフは音楽師、農村保安官、鉄道員、売春宿経営と、手あたりしだいに職を転々とした。母親はリトアニア人だった。ニコライは小学校に二年間通った後、一一歳になった一九〇六年、ペテルブルクに行って仕立屋見習いになった。数年後、ニコライはプチロフ（重機械）工場で働いていた。エジョフの評伝を書いていたソヴィエトのアレクサンドル・ファデーエフは「おおらかそうな感じと頑固な感じを同時に受ける顔をした、黒い髪の小柄な男だった」と書いている（この評伝は完成する前にエジョフが失脚したため日の目を見なかった）。

有望で小柄なボリシェヴィキ

一九一七年五月、（身長一五一センチの）ひ弱な青年だったエジョフはボリシェヴィキに加入した。ギターを爪弾きながら歌うのが好きで人づきあいもよかったが、弁が立つというわけではまったくなかった。一〇月革命の後、エジョフは無数のボリシェヴィキと同じような経歴をたどった。赤軍に入り、軍事委員への昇格を皮切りに、異例の速さで党の出世の階段をのぼることになる。とはいえ病欠が多く、上司の評定では「かなり頑固で短気を起こしやすい」とある。この頃のエジョフには将来の変貌ぶりをうかがわせる要素は何ひとつない。身軽で機転のきくつつましい青年だったと当時を知る人々は口をそろえる。一九二五年、エジョフはカザフスタン党支部の第三位の書記長になった。この地位につくと、党の方針に忠実に従い、カザフ人の共産主義者を排斥し、同じくらいの熱心さで「極左的」、「右傾的」な逸脱を容赦なく攻撃した。この時期からエジョフは異様な記憶力となみはずれた実行力にくわえ、落ちぶれた仲間は累がおよばぬ前にさっさと見すて、利用できる者にはとりいる勘のよさをもって頭角を現わし、党上層部の目にとまることになる。

こうしてエジョフは、党中央委員会の組織・配分委員会の長であるイヴァン・モスクヴィンに目をかけられることになった。この委員会は重要な組織だった。スターリンは組織・配分委員会を介してとりまき連中を党機関に潜入させたからである。一九二七年二月、モスクヴィンはエジョフを自分の補佐にすえた。モスクヴィンのエジョフ評は、「まさに狙いどおりに仕事をしてくれる。任務をあたえたら、きちんとやりとげたかどうか確認しなくていいし、あいつが全部やってくれていると安心していられる。限度を知らないというのが玉に瑕で、気になるところだが…」といったものだった。

スターリンはすでに若いエジョフに目をつけていた。連邦機関に訴えかけてタタール人やカザフ人の民族主義者の幹部を無力化したエジョフの手腕に、スターリンはおおいに満足した。一九二八年一月、スターリンが農業の集団化を目的とした「非常手段」の準備をするためにシベリアを視察した際、エジョフは彼に会い、カザフスタンの専門家と名のり、カザフスタンの農業にはとくに詳しいと伝えた。スターリンはエジョフが気に入り、一九二九年一一月、農業人民委員代理に任命した。これは責任の重い職だった。農業集団化、強制収容所送り、クラーク（富農）絶滅を実行するため、全権委員を選抜し、地方へ派遣する役割だった。全権委員は地方の共産党組織に怪しい者がいればただちにスターリンに密告しなければならなかった。農民に課された過酷な措置を地方当局は容赦なく適用しているかについて、スターリンは疑い深かった。

バイセクシャル傾向のアルコール依存者

一九三〇年一一月から、エジョフはスターリンの側近にくわえられた。この年、三年前から恋い焦がれていたエフゲーニヤと再婚している。エフゲーニヤは社交界が大好きで、すでにさんざん浮名を流していたが、エジョフのために二番目の夫を棄てた。短躯なうえ乾癬だらけの身で、バイセクシャルな傾向がとりざたされているこの男に一目ぼれしたわけではなかった。ただ、エフゲーニヤが元夫に語ったところによると、「出世頭だし、あんたよりはあの男といるほうが得するから」だった。この頃、エジョフはすでにアルコール依存症だった（飲酒をはじめたのは一四歳のときである）。同僚のレフ・マリアシンをはじめ、エジョフのまわりは大酒飲みばかりだった。酔った二人がズボンを下げて、コインの上の煙草の灰をねらって思いきり放屁し、どちらが吹き飛ばせるか、競争しているのを見た者もいる。

スターリンは側近を押さえつけるのが好きだった。骨身を惜しまぬ働き者を評価した。とくに、彼らのうちにひそかな劣等感を嗅ぎとったときは。きわめて醜い男たちで周囲を固めて悦に入っていた。背の低さをごまかすため高いヒールの靴を履いているエジョフが、全世界を相手に片をつけたい思いでいることにスターリンは気づいていた。陰湿で執念深く権力欲が強く、サディズム的性向のコンプレックスの塊であるこの小男は、犬のようにスターリンに忠実だった。エジョフは、スターリンが念頭においていた計画、すなわち党の粛清と国全体への恐怖（テロル）の波及を実現することになる。

エジョフは救いがたいほど無知で、文章を書いても文法や綴りのまちがいが多く、人前で自分の意見を言うことも苦手だった。スターリンが彼にふろうと考えた役割からすれば、それはむしろ利点だった。一九三四年、エジョフは党中央委員、そしてスターリンが粛清を視野に創設したおそるべき党中央委員会付属統制委員会の副議長に就任した。一九三四年一二月一日にレニングラード・ソヴィエト議長キーロフが暗殺された事件の後、粛清を強化する段になり、スターリンはエジョフを見こんだことはまちがいではなかったと確信した。実際、ゲンリフ・ヤゴーダが率いるＮＫＶＤ（内務人民委員部）は、この暗殺を口実として、すでに落ちぶれていたボリシェヴィキの老兵らをやり玉に上げることをためらっていたが、エジョフはさっそく捜査を陣頭指揮し、スターリンと対立したジノヴィエフやトロツキーを支持していた疑いのある無数のレニングラード市民を逮捕させた。老兵ボリシェヴィキらが大がかりな陰謀計画を練っている、というでっちあげをエジョフは補強し、彼らを抹殺しようと狙っていたスターリンの企みに加担した。スターリンからＮＫＶＤを監督する役割をあたえられたエジョフは、党内の抵抗を犯罪的活動とみなすスターリンの主張を万人に広めた。

エジョフは人民の父とよばれたスターリンの意をいち早くくみ、一九三五年から中心人物となって恐怖とパラノイア的錯乱を拡散させた。一九三五年六月、エジョフは、人民の敵だけでなく、異分子に対して手加減したり見て見ぬふりをしたりした共産主義者をも激しく非難した。もはや監視を怠ることすなわち犯罪行為だった。一九三六年夏、エジョフは休暇もとらず働いた。ジノヴィエフ、カーメネフをはじめとして一六名にのぼるボリシェヴィキの有力者を処刑するにいたった第一回モスクワ裁判（一九三六年八月一九日）の運営の監督に忙殺された。エジョフは尋問に立ち会い、逮捕者を屈服させ自白に追いこむ手段に異様にこだわった。エジョフはやり口を心得ていた。被告たちは追いつめられるとほかの者に罪をかぶせた。一人が転ぶたび、次々と新たな告発が生まれた。

オリンポスの山頂

それも序の口だった。スターリンはもはや何者にも容赦しないことを示した。エジョフは、自分の暗殺をくわだてたとスターリンが指さしたトロツキー・ジノヴィエフ派のグループに対する徹底的な捜査を怠ったとして、ＮＫＶＤ幹部を告発した。一九三六年九月末、エジョフの働きが報われ、ＮＫＶＤ長官に任命された。

第二回モスクワ裁判は一九三七年一月に行なわれた。今回の司令は、経済担当指導者層に潜入して「産業破壊活動」を行なったとされるトロツキストの正体をあばくことだった。しかし、エジョフはこの裁判だけで終わるわけにはいかなかった。「右翼」を摘発する資料を作成するようスターリンに命じられていたからである。一九三七年三月、エジョフはＮＫＶＤ内部の「右翼による陰謀」をあばくことに腐心した。それはすなわち、元上司であるヤゴーダを一刻も早く告発するよう、官吏一人一人をけしかけることだった。まもなくヤゴーダは逮捕された。エジョフは自分が作った資料の裏づけとして、NKVDの右翼が、新任エジョフの猛烈ぶりにおそれをなし、エジョフの執務室に水銀をまいて毒殺をはかったと主張した。一人の職員がさんざん殴打されたあげく、この陰謀の実行者だと自白した。

一九三七年六月、エジョフは出世をきわめた。彼はトロツキー派、ジノヴィエフ派、メンシェヴィキなど、さまざまな派閥の排除された者同士がよりあい所帯をなし、とてつもない陰謀をくわだてたとする報告書を作成した。まだ正体をあばかれていない共謀者が無数にいて、こうした陰謀はソヴィエト連邦構成共和国に網の目のように張りめぐらされているとほのめかした。エジョフは、ソヴィエト連邦中に「息をひそめている裏切り者の敵を無情な鋼鉄の箒で一掃する」ことをスターリンに誓った。エジョフの報告書は、一九三七年七月から一九三八年一〇月にかけてソ連を襲った大粛清（大テロル）の動機づけとなった。この大粛清で、中央および地方の「元富農（クラーク）やその他反ソヴィエト的分子」や党機関だけでなく「民族主義者たち」（ポーランド人、ドイツ人など）までが大量虐殺の対象となった。合計一五四万八〇〇〇人が逮捕され、六八万二〇〇〇人が銃殺された。大粛清はスターリンが推進した集中的な作戦であり、実際に手をくだしたのはエジョフだった。スターリンはエジョフに褒賞をあたえ、粛清をいっそう強化するよう背中を押した。「細かく調べなくていいから捕まったやつらを打ちのめせ」とエジョフは部下に言い渡した。「無実の者がある程度殺されるのは仕方がない…むだに銃殺された者が一〇〇〇人いても騒ぐことではない」、あるいは「卵を割らなければオムレツは作れない。しっかり仕事して、成果を出し、逮捕者の数でぬきんでるのだ」とエジョフは言った。「ボリシェヴィキのマラー」とよばれたエジョフは、政治局の承認を得た後、地方の各指導者に割りあてられる死刑および八年から一〇年の懲役の求刑数を決定した。当然、地方の指導者たちは、みずからの熱意を示すため、割りあて件数の増加を要請した。少しでも手をゆるめればただちに疑いをかけられた。トロイカ《三者体制》（NKVD幹部、検察官、党指導者からなる、裁判なしに死刑を宣告できる機関）が被告人不在のまま審議し、数分で執行猶予なしの判決を言い渡した。このトロイカ《三者体制》は二時間で八〇〇件もの審理を行なうことができた！　さらにスピードアップするため、エジョフは逮捕された党の最高幹部のリストをスターリンに差し出した。スターリンは各人の名前に、「一」は「銃殺」、「二」は「強制収容一〇年」というように印をつけていった。一九三七年から一九三八年にかけ、三八三件のリストがこうして提出された。

　エジョフは部下たちに、自分のお気に入りのリュシコフを見習えと言った。なにしろリュシコフ一人で、七万人もの人民の敵を殺していたのだ！　エジョフNKVD長官はみずから進んで拷問の場に顔を出し、血しぶきの飛んだシャツを着て執務室に現われた。革命の敵の血だから、このシミを誇りにすべきだと言いながら。彼は前任者のヤゴーダの処刑に立ち会い、激しく殴打してから銃殺するよう命じた。「われわれ全員になり代わってめった打ちにするのだ」と部下に言った。さらに旧友ヤコヴレフの処刑の場にもいた。エジョフは酩酊状態のときに、気の合う飲み仲間だったマリアジンの「耳と鼻を切りとって目をくりぬき」、「ばらばらにしてやる」よう命令したと自慢した。彼は政府の大物だったジノヴィエフとカーメネフの命を奪った銃弾を、封筒にラベルを貼って保存していた。

しかし権力に酔うだけではあき足らなかった。エジョフは昼夜をわかたず酒気をおび、乱痴気騒ぎにふけった。だらしない身なりで、粗末な皮のブーツは磨いていなかった。この頃のエジョフに会った者は、そのみすぼらしいようすに驚いた。結核に侵され、ひどい咳の発作が起きるので、エジョフの執務室の豪華な絨毯は黄色い痰のしみがあちこちについていた。灰緑色の目だけが光っていた。「飢えたハイエナの目だった」と会った人は言う。妻エフゲーニヤは文学サロンを開き、たびたび夫をあざむき、イサアク・バーベリ、ミハイル・コリツォフ、ショーロホフといった著名な作家と関係をもった。バーベリとコリツォフはこの危険な関係の代償を命で支払うことになる。エジョフはエフゲーニヤのもっていた紙の束から、彼女とバーベリがかわしていたラブレターを見つけ、即刻バーベリの取り調べを行ない、銃殺した。

終わりのはじまり

一九三七年一二月二〇日、ＮＫＶＤ設立二〇周年の祝典が厳かに行なわれた。ところが祝いの席にスターリンはいなかった。エジョフを遠ざけはじめていたのである。一九三八年四月八日、エジョフはNKVD長官職を継続しながら水上交通人民委員に任命された。予期しない辞令だったが、エジョフはまだ、自分が失脚しようとしているとは思っていなかった。ニキータ・フルシチョフなる男をはじめとするスターリンの側近たちも、エジョフが落ち目だとは気づきもしなかった。「ボリシェヴィキらしい行ないで人間の屑どもを殲滅した偉大なるスターリンと優等生ニコライ・エジョフ」を、フルシチョフは六月にほめそやしていた。スターリンは暗々裏に幹部のピラミッドを解体しはじめた。エジョフの部下たちは次々と党や国の機関のポストに異動させられた。五月になると、エジョフはスターリンの寵《ちょう》を失いつつあるのを感じた。NKVD内にも大粛清がおよぶにつれ、離脱する者があいつぐと、スターリンはそれを根拠に、エジョフの采配に疑いの目を向けるようになった。一九三八年六月なかば、まっさきにリュシコフが極東に亡命し、日本に重要な資料を大量に提供した。次にエジョフは、スペインに派遣されたNKVD要員であるアレクサンドル・オルロフをかたづけることにし、七月八日にモスクワに来るよう命じた。なにかわなであるにちがいないと感じたオルロフは、当時としては大金の六万ドルをもちだして召喚に応じず、七月二一日にカナダに亡命した。この顛末にスターリンは激怒し、一九三八年八月二二日、エジョフにつく長官代理の筆頭としてラヴレンチー・ベリヤなる男をすえた。

ここに来てエジョフは何が待ち受けているかを覚った。「われわれは使命を果たしたが、もう必要とされなくなった。面倒な証人として消されるだろう」と彼は側近にこぼした。スターリンのやり口はわかったが、わかるのが少し遅すぎたのだ。酒におぼれ、「なにもかも終わりだ」とつぶやいていた。三時か四時にしか執務室に現われなかった。ＮＫＶＤ全体に戦々恐々たる空気が張りつめた。このころ、エジョフに忠実な部下たちが、政治局のメンバーやベリヤ、そしてスターリン自身にかんする不都合な資料を必死で作っていたらしい。八月二二日から九月四日まで、エジョフは幹部を手あたりしだいに銃殺させた。彼らがベリヤに強要され、自分に不利な自白をすることをおそれたからである。エジョフはますます酒をあおるようになり、スターリンへの恨みつらみや敵への殺意をほのめかした。エジョフの失脚後、こうした妄言は調査担当によって注意深く記録され、起訴状にもりこまれた。

一〇月二九日、エジョフは数か月前から抑うつ状態だった妻を入院させた。一一月八日、彼は小さな立像と多量の睡眠薬を送った。それは夫婦のあいだで決めていた合図であり、エフゲーニヤの逮捕は近い、命を絶つがいいと教えていた。絶望し、近しい者が残らず次々と逮捕されたことを知ったエフゲーニヤは、夫に遺書を送りつけ、スターリンには自分の無実と苦しみを訴える手紙を書いた。「どんな医者にかかろうと、長年の不眠ですり減ったわたしの神経、疲れきった頭、やわらぐことのない重い苦痛を癒すことはできません。わたしに死ぬ権利はありません。しかし、自分が生ける屍のように感じています…」。一一月二一日、エフゲーニヤは睡眠薬の飲みすぎで死んだ。妻の葬儀の夜、エジョフは当時の愛人（男）とともに酔っぱらい、「ジェーニャ（エフゲーニヤ）は薬をあおって死んでよかったよ。でなければもっとひどいことになっていたのだから」と彼に言った。乱痴気騒ぎはますます度を越していった。エジョフの甥は彼に女たちをあてがったが、この男は飲み友だちの妻たちと寝るのをやめず、その夫たちの前でそれを自慢し、「ちょっと老けているかもしれないが、悪くない奥さんだね」と言ったりした。

失脚

エジョフの背信行為にかんする調査委員会――ベリヤ、ジダーノフ、マレンコフがメンバーだった（中央委員会書記をつとめていたジダーノフとマレンコフは、エジョフを追い落とし、後釜としてスターリンの寵臣になることをもくろんでいた）――は、エジョフがNKVDのあらゆる階層に「敵とスパイ」をはびこらせ、彼の弾圧政策はソヴィエト政権の信用を失墜させ、大衆の不満をあおることが狙いだったと結論づけた。堰を切ったように声が上がりはじめた。あちこちで党幹部がNKVDに対する不満を口にし、手紙がスターリン宛てに殺到した。一通の匿名の手紙がスターリンの目にとまった。ヒトラー、ゲッベルス、リッベントロップはソ連における粛清を指揮しており、ドイツ人は戦争なしにソ連を占領できると考えている、という内容だった。いっぽう作家ショーロホフは、スターリンに宛てた手紙で、NKVDからの嫌がらせを受けていると訴えた。むりもなかった。八月、ショーロホフは、部屋に盗聴器が仕かけられていることを知らずに、エフゲーニヤとホテルで一夜をすごしていたのである。録音された内容を知ったエジョフは怒り狂い、妻を激しく打擲し、制裁をくわえるべき愛人、ショーロホフを追跡した。用心深く、すりよるのがうまいショーロホフは、寝とられ男エジョフがスターリンの寵を失ったことに気づき、スターリンに手紙を書いた。スターリンはいつもどおり、エジョフに犯した罪の責任を負わせるだろう、そしてスターリン自身は、信頼を裏切った部下に長いあいだだまされてきたが、過ちを正す者としてふるまうだろうと、内情を知る者たちは思った。一九三八年一一月一七日、「逮捕、検察統制、捜査指揮関連」と称する中央委員会の内々の決定がくだされ、大衆の逮捕と収容所送りが禁止され、ＮＫＶＤのトロイカ《三者体制》に終止符が打たれた。それは大粛清が終わったことを意味した。一九三八年一一月二三日、エジョフはスターリンに辞職願を書き送った。自分なりに過ちを認め、一部の幹部の逮捕が遅れたのは、彼らのかわりが見つかるのを待っていたからだと言いわけした！

一一月二八日、エジョフはふたたびスターリンに手紙を書いた。それは、いまだにどれほど自分の立ちまわりを過信しているかがわかる文面だった。手紙には、ＮＫＶＤの粛清が一九三八年春からうまくいかなくなったことの弁解が述べられており、自分を正当化しようとしていた。彼自身は河川交通委員会の仕事に集中していたことを認め、上司である自分が再三厳命したにもかかわらず、補佐のフリノフスキーが優柔不断でぐずぐずと時間稼ぎをしようとしていた、と書かれていた。すなわちエジョフは自分の右腕である部下に罪をなすりつけ、無実を証明しようとしていた。同時期の日付けのスターリンへの手紙の下書きも、エジョフが遺した書類のなかから見つかった。みずからの身の上を嘆き、味方と思っていた人間が皆、「ペスト患者のように」自分に背を向けるようになった、結局自分は人間というものを理解していなかったのだと書かれていた。一部の人間の「悪意がどれほど根深いものか、まったく気づかなかった」とも。

「血まみれの小男」エジョフが最後に公に姿を現わしたのは一九三九年一月二一日だった。彼の名前が最後に新聞にのったのは三月六日だった。三月一九日、第一八回党大会が開かれ、エジョフはあいかわらず酩酊状態で出席し、スターリンに「どうか少しでもお時間をくださいお話できれば幸いです」と書いた紙片をこっそり渡したが、無視された。彼はもはやクレムリンにいないも同然だった。

ネメシス［ギリシア神話の女神。人間の分をわきまえぬ傲慢な行ないに対する神の憤りと罰の擬人化］

エジョフは一九三九年四月一〇日に逮捕された。彼が投獄されたことはNKVD内部をふくめて秘密にされた。拷問に耐えきれず、手を震わせ、目に涙を浮かべながら、エジョフはすべて自白した。ベリヤの右腕で、取り調べを担当したボグダン・コブロフは、一九三四年にウィーンで療養していたとき、看護婦と関係しているところを見つかっておどされ、ドイツのスパイとなった、とエジョフに吐かせた。エジョフはさらに、ポーランド、イギリス、日本の諜報機関のスパイだったこと、党幹部のあいだに潜入するため経歴をいつわったこと、一九三八年一一月七日の革命記念式典に乗じて党や政府の指導者層を暗殺し軍事クーデターを起こすつもりだったこと、暗殺が未遂に終わったので、（男の）愛人二人――エジョフは一五歳のときから同性愛にふけっていたことをすでに白状していた――を使ってスターリンを暗殺させようとしたこと、ドイツに頼んで亡命しようとしたが断わられたので、一九二六年に妻がイギリスのスパイとなり、接触があったことから今度は彼らを頼ろうとしたこと、結局妻はいろいろ知りすぎたので、彼女が自殺するのを幇助したことまで口にした。さらにエジョフは極度のアルコール依存症であり、食堂のテーブルや壁に悪魔が見えるといった幻覚症状があることも取り調べで明らかになった。

一九四〇年二月三日、失脚したNKVD長官エジョフは出廷した。その前日、ベリヤは彼に、すべての罪を自白すれば命は保証すると約束していた。エジョフはもはやこれまでと思った…最後のあがきで、いままでの自白をすべて撤回すると言った。「そもそもわたしは、暴力をふるわれることに耐えられませんでした。あることないこと書いたのはそのためです。わたしはめった打ちにされたのですから」。エジョフは党に対して自分が犯した罪はそんなことではないと言った。「わたしは（ヤゴーダが解任された後）一万四〇〇〇人のチェカ（秘密警察的役割を担った全ロシア非常委員会）の委員を粛清しました。しかし粛清不徹底という過ちを犯しました。運の悪いことが重なってわたしはここにいるのであり、わたしのあずかり知らぬところで敵が裏から手をまわしていた可能性もある、とスターリンに伝えてください。わたしはスターリンの名をよびながら死ぬと彼に伝えてください」。エジョフは「真実を洗いざらい語るために」ある政治局のメンバーに面会を申しこんだが、かなえられなかった。死刑の判決が下りた。宣告を聞いたエジョフは気分が悪くなり、警備員にかかえられねばならなかった。スターリンに恩赦を請う手紙を書いたが、拒否された。涙ながらに吠えるエジョフは独房につれさられ、その夜処刑された。

ソ連で、エジョフの死について知る人はいなかった。「血まみれの小男」は消えさり、だれも噂しなくなった。スターリンはつねに恐怖と妄想に満ちた社会を望みどおり手に入れた。血まみれの怪物と化したしがない木っ端役人、ニコライ・エジョフと同様、国中が、スターリンを中心とする邪悪な軌道にのがれようもなく引きよせられた。

フランソワーズ・トン

参考文献

DŽAGFAROV N., OSIPOV V. et ČILIKOVA E., «N. Ežov, khronika prestbplenii», 2002, numéro 6.

JAKOVLEV A.N. (sous la direction de), *Ljubjanka, 1937-1938*, Moscou, Meždunarodny fond «Demokratia», 2004.

JAKOVLEV A.N. (sous la direction de), *Ljubjanka, 1939-mart 1946*, Moscou, Materik, 2006.

JANSEN M., PETROV N., *Stalin's Loyal Executioner: People's Commissar Nikolai Ezhov*, Stanford, Hoover Institution Press, 2002.

POLJANSKI Aleksej, *Ežov*, Moscou, Veče, 2001.

SOKOLOV B., *Narkomy strakha*, Moscou, AST-Press, 2001.

THOM Françoise, *Beria, le Janus du Kremlin*, Paris, éditions du Cerf, 2013.

15 ラインハルト・ハイドリヒ 狼の目をしたナチ党員

（一九〇四―一九四二）

長身でブロンド、音楽とスポーツをたしなむSS（親衛隊）将軍ラインハルト・ハイドリヒは、アーリア人の英雄の典型だった。ナチ方式の弾圧をテクノクラートとしてぬかりなく主導した。みずから手をくだして人を殺すことはなかったようだが、彼が練ったユダヤ人絶滅計画や東ヨーロッパ民族の根絶政策によって、歴史上まれに見る罪人となった。

一九四二年五月二七日、プラハ。男は立ったまま、背中を向けて車の後部にもたれかかっていた。メルセデス・ベンツのオープンカーの車体には大きな穴があき、タイヤはパンクしていた。男は一目で身分がわかる軍帽をかぶり、階級を示す肩章のついたカーキ色の軍服姿で、光沢のある黒い長靴をはいていた。腰高く締めたベルトの下の部分に、赤いしみがじわじわと広がっていった。男のそばの舗道に拳銃があった。弾が切れたのですてたものと思われた。しかし、すぐ近くでまだ銃声が聞こえた。

メルセデスの反対側車線では、三両編成の赤い路面電車がすさまじい金属音を立てながら急ブレーキをかけて左側に止まった。乗客たちが降りてきた。銃声を耳にし、両側のフェンダーにハーケンクロイツの旗がついた車が事故を起こしているのを茫然と眺め、震えあがって逃げ出した。

だれもが目の前の事故にかかわりたくないと思っているのは明らかだった。「この人がだれだかわからないの？　病院へ運ぶのよ！」と、電車から降りてきた一人の上品なブロンドの女がドイツ語で叫んだ。彼女は道の真ん中に立ち、ちょうど通りかかった車に手をあげて合図した。運転手はスピードをゆるめてドアから顔を出したが…あわてふためいて走りさった。

負傷した男の左側でメルセデスのハンドルをにぎっていたのは、ボクサーのように鼻がつぶれた、二メートル近い長身のがっしりした体格の兵士だった。兵士は襲撃の起きた曲がり角に続く坂道を走りはじめ、機関銃の激しい連射にピストルで応酬した。突然、兵士は倒れた。腿に弾を受けた兵士は、とある肉屋の入り口まで這っていった。中にいた店主の妻は驚き、電話に飛びついて救急車をよんだ。

その間に、十字路で見張りに立っていた警官が銃撃手を追跡した。その警官は、右手で配達用の小型トラックの荷台につかまり、急いで戻ってきた。運転手がトラックから飛びおりた。警官と運転手は、メルセデスにもたれかかっている負傷した男のほうへ飛んでいき、トラックの荷台まで運び、配送中のワックスの缶のあいだにうつぶせに横たえた。ＳＳ（親衛隊）将軍の立派な軍服に身を包んで苦痛に身をよじる男は、革鞄を大事そうにしっかりと胸にかかえていた。ドイツ人らしい若いブロンドの女は、男のそばに腰かけた。古都プラハの北、ホレショヴィチェ地区に陽は照り、一日がはじまろうとしていた。にわか仕立ての救急車はブロフカ病院へと急いだ。この有名な病院までほんの一〇〇メートルほどの距離だったが、一刻も早くたどり着かねばならなかった。

ベーメン（ボヘミア）・メーレン（モラヴィア）総督への襲撃

一一時に、プラハ放送局でニュースが報じられた——市民が理解できるようにチェコ語で。「本日一九四二年五月二七日一〇時三〇分、ベーメン・メーレン総督代理、ＳＳ将軍ハイドリヒが何者かに襲撃された。犯人の逮捕に協力した者には報奨金として一〇〇〇万コルナをあたえる。犯人をかくまったり、助けたり、犯人と知っていながら通報しなかった場合は、家族全員をふくめ銃殺刑に処する」

チェコ人とスロヴァキア人を統合して一九二〇年に成立したチェコスロヴァキア共和国は一九三九年三月一六日に消滅した。一九三八年九月、プラハの政府はドイツに強要され、ズデーテン地方を割譲した。フランス、イギリスの首脳はミュンヘン会談で、これ以上の領土要求はしないことを条件に、この併合を承認した。六か月後、ドイツ軍はこの協定を破って国境を越えた。ドイツはスロヴァキア国の成立を認め、支配下に置いた。チェコスロヴァキアの残る領土は併合し、ベーメン・メーレン保護領とした。すなわち植民地だった。最高指導者アドルフ・ヒトラーは、元外務大臣コンスタンティン・フォン・ノイラート男爵を総督としてトップにすえた。

一九三九年四月五日、ノイラートは、プラハの丘にそびえる有名な中世の城、フラッチャヌイ［プラハ城］を手に入れた。彼の強引な施策は車の左側通行を右側通行に変更するだけにとどまらなかった。立派な教育を受けたこの外交官は課された使命に忠実に、わき目もふらずさっそくチェコ人弾圧を開始した。それも情け容赦ないやり方だった。

チェコスロヴァキアがヴォージュ県ダルネイで建国の産声を上げたのは一九一八年一〇月二八日であり［フランスのダルネイで、ハプスブルク家のオーストリア＝ハンガリー帝国の支配に抵抗していたチェコとスロヴァキア勢力が合同し（フランスの支援を得て）建国を宣言した］、この日は国民の祝日に制定されていた。ゆえに一九三九年一〇月二八日、プラハの人々が独立記念日を祝って町に出て行進していたところ、ゲシュタポ（国家秘密警察）の警官らが発砲した。一人の労働者が撃たれて死亡し、デモ参加者の数十人にも弾があたった。銃撃を受けた一人の学生は二週間後に亡くなった。学生の葬儀が行なわれた一一月一五日、大勢の仲間がドイツ軍に対し抗議の声を上げた。一六日から一七日にかけての夜、大学寮が警察によって包囲され、数百人の逮捕者が出た。九人の「首謀者」が特定され、裁判もなく銃殺された。一〇〇〇人以上の学生がベルリン北部のザクセンハウゼン強制収容所に送られた。

ベーメン・メーレン保護領でユダヤ人迫害を開始したのもノイラートだった。一九四一年二月、ユダヤ人は新聞や雑誌を買うことも、図書館を利用することもできなくなり、食料や日用品の買い物ができるのは一五時から一七時までとなった。三月には財産の没収、そして収容所送りがはじまった。一か月で「非ユダヤ化」は完了した。商店や企業にユダヤ人は一人もいなくなった。

しかしヒトラーにすればノイラートのやり方は手ぬるかった。この貴族出身の男はドイツの運命よりも狩猟が大事なのだと思った。二年半ほどたった頃、ヒトラーはノイラートに健康上の問題があるといつわり、総督の職を降りるように言った。ヒトラーは太鼓判つきの人物、ラインハルト・ハイドリヒを総督代理にすえた。ハイドリヒの忠誠心をかったのではなく、有能ぶりはだれもが知るところだったからである。

一九〇四年、プロイセン王国ザクセン州の都市ハレに生まれた親衛隊将軍ハイドリヒは音楽一家の出だった。彼自身ヴァイオリンを弾き、かなりの腕前だった。母親はピアノ教師であり、テノール歌手で作曲家の父親はハレ音楽学校を設立した。両親ともにナショナリストで「ドイツ民族」信奉者だった。リヒャルト・ワーグナーの壮大な音楽に二人は酔いしれた。一九一八年一一月に第一次世界大戦が終結し、二人はそれまでの地位を保つこと、いやたんに生き残ることすらむずかしくなったのが身にこたえ、ドイツの敗北にいっそう屈辱を感じた。ゆえに当時中学生だった長男ラインハルトはドイツ義勇軍に入った。共和制に激しく反発する集団だった。そして中学を卒業すると、キールの海軍士官学校に入学した。

ハイドリヒの経歴に惚れたヒムラー

一九二八年中尉に昇進したラインハルト・ハイドリヒは士官として華々しいキャリアが約束されていた。野心満々のハイドリヒはベルリンにある戦争省の防諜機関のポストを望んでいた。しかし、この女たらしの青年は、熱心な国家社会主義ドイツ労働者党（ナチ党）支持者だったリナ・フォン・オステンと一九三〇年に婚約したものの、自業自得でつまずき、懲戒処分を受けた。リナと交際していたにもかかわらず、別の娘に手をつけたのである。娘の一族には父親をはじめ何人も有力者がいたため、軍法会議にかけられた。一九三一年五月三一日、評決がくだされ、ハイドリヒは「不適切な行為」のため除隊処分となった。

こうしてハイドリヒは、ただでさえ就職難の時代に職を失った！　さいわい、母親の旧友でもある代母の息子がSS（親衛隊）の一員で、トップであるハインリヒ・ヒムラーをよく知っていた。親衛隊はおよそ五万人を擁する、国家社会主義ドイツ労働者党の精鋭警護組織だった。ミュンヘンの党本部（褐色館）でヒムラーとの面談がもたれた。ヒムラーは党内の情報部を強化するため、補佐となる人物をちょうど必要としていた。海軍無線担当将校だったハイドリヒの経歴を情報将校と思いこんだヒムラーは、面談の途中で誤解に気づいたが、ハイドリヒは機転でのりきり、ヒムラーをすっかり感心させ、即決で採用された。そして、一九三一年一二月二六日、ハイドリヒは、バルト海に浮かぶフェーマルン島沿岸の村で、ナチ党員の盛大な祝福を受けながらリナと結婚式を挙げた。

　ヒムラーが見こんだハイドリヒはスポーツマンでフェンシングのチャンピオン、まさに職務にうってつけの体格だった。身長一八〇センチ以上、明るい金髪、やせた面長の顔、彫りの深い青い目をした彼は典型的なアーリア人男性の特徴をそなえていた。ただ声が甲高いのが玉に瑕で、海軍でからかいの種になった。仰々しい演説は避け、形式ばらない簡潔なスピーチにとどめるしかなかった。

　ドイツ国海軍で着せられた汚名を返上せねばと躍起になったハイドリヒは、凄腕スパイぶりを見せつけた。本といえば推理小説しか読んだことがなかった彼は、あっというまに情報カードを作った。ナチの最高幹部についての情報カードだった。それは、幹部同士のライバル関係や貪欲さや卑劣な行為を把握することで狙った相手におどしをかけ、党のあらゆる階層に力をおよぼすために、絶大な威力を発揮した。冷静な計算に長けたハイドリヒは政治の舞台を最前列で観察し、狡猾に容赦なく糸を引いていた。

　ヒトラーが首相に就任した一九三三年、ハイドリヒはすでになくてはならない存在になっていた。ハンブルクなどの町中で何度か騒擾や強制捜査を指揮して以来、もはや彼以上にあらゆる警察組織を統括できる者はいなくなった。ドイツの非道きわまる政策がとりざたされるようになってまもなく、その裏でハイドリヒが策を弄し、配下の部署で悪事がはびこっているとの噂が流れた。

一九三三年二月二八日、ベルリンの国会議事堂の火事はなぜ起きたのか？　ハイドリヒが仕かけたという噂だった。一九三四年、さらに急転回があった。ヒトラーは、ＳＡ（突撃隊）が国防軍の特権に反発して不穏な動きをしているのを察し、旧友でもある突撃隊幕僚長エルンスト・レームを始末することにした。六月二七日午後、ヒトラーはヒムラーとハイドリヒをよびつけた。粛清と逮捕の対象者リストができあがった。六月三〇日から七月二日にかけて、八九人が殺害された。多くの注解者はこの事件を「長いナイフの夜」とよんでいる。一二世紀の歴史家ジェフリー・オヴ・モンマスが、四五〇年にソールズベリーで起きたケルト人貴族虐殺事件をさして使った表現にちなんだものである。しかしながら、他国の政府は公式な抗議をまったく行なわなかったが…ハイドリヒがこの血まみれの残虐行為の張本人だと非難の声が上がった。

長いあいだ熱心なナチ党員だったが離脱、亡命していたオットー・シュトラッサーは、ドイツにとどまっていた兄のグレゴールが「長いナイフの夜」にいかにしてハイドリヒに殺されたかを語っている。オットーの側に事実誤認があるにせよ、彼の語りには、ヒトラーの反対派がハイドリヒにどのようなイメージをいだいていたかが如実に表われている。オットーによると、兄のグレゴール・シュトラッサーが家族とともに昼食をとっていたとき、八人のゲシュタポが入ってきた。グレゴールはミュンヘンのプリンツ・アルベルト通りの牢獄に連行され、独房に投げこまれた。天窓越しに彼を狙って銃撃がはじまった。「グレゴールは独房のすみに逃げましたが、突然、悪名高いハイドリヒと、強制収容所を統括していたアイケをふくむ三人が乱入してきました。グレゴールは何発も撃たれていましたが、まだ息がありました。そこへハイドリヒが首のところへとどめを刺したのです」

一九三七年から一九三九年まで国際連盟の自由都市ダンツィヒ高等弁務官をつとめたスイスの外交官、カール・ヤーコプ・ブルクハルトが強制収容所視察の許可を求めたとき、ハイドリヒは、自分も部下も「血まみれの犬」では断じてありません、と答えた。「厳しい義務」を最優先で果たすのみです、と。「個人からみればほとんど過酷ですが、非情なほど厳格にならなければなりません。さもないとわが最高司令官（ヒトラー）の事業は失敗に終わります。われわれがなしとげた仕事に後世の人々は感謝することでしょう」

偽ポーランド人の特別攻撃隊

純化しよみがえらせたドイツの未来に貢献していると自負していたハイドリヒは、ヒトラー、ゲーリング、ゲッベルス、ヒムラーやその一味に引きぬかれ、あらゆる大がかりな作戦の小手調べを——遠隔操作ではあったが——させられた。ヨーロッパ征服を期して火蓋がいよいよ切られようとしていた。一九三九年八月二二日、ヒトラーは、開戦の口実を探していると参謀部に伝えた。効果的な挑発が必要だった。この陰謀にうってつけの人間がいる、ハイドリヒだ、とヒトラーは言った。

ハイドリヒはさっそくシレジアとポーランドのドイツ人のなかから、見分けがつかないほどポーランド人と似ている者を一〇〇人ほど選んだ。彼らはポーランドの軍服を着せられ、ベルリン近郊のベルナウ士官学校につれていかれた。ポーランド軍人らがグライヴィッツのラジオ局を襲撃したように見せかけるための偽装工作の準備だった。

一九三九年八月三一日二〇時から二〇時三〇分のあいだに、ポーランド軍人になりすました特別攻撃隊がラジオ局のスタッフを制し、ポーランド語なまりのドイツ語で、ヒトラーの失脚は近いとマイクに向かって宣言した。まもなく、ドイツ軍がこの偽装攻撃隊に反撃をくわえた。もちろん偽装攻撃隊のなかから銃弾に倒れた者が何人か出た。彼らはザクセンハウゼン強制収容所からひっぱり出されてポーランド人に偽装させられたひとにぎりの囚人だったのだが……

アイディアマンのハイドリヒが考えた演出は、大勢のエキストラを使った歴史映画のようであり、とどこおりなく実行に移された。こうなればヒトラーがなすべきはただ一つ、激怒をよそおい、悪罵のかぎりをつくしながら、戦車と飛行機でポーランドを侵攻することを正当化することだった！

三週間後、ハイドリヒの打った手はみごとに実を結んだ。一九三九年九月二七日、ポーランド政府は降伏した。ポーランド側は死者六万五〇〇〇人、負傷者一三万三〇〇〇人、捕虜五八万人だった。こうして理想的な陰の立役者ぶりを発揮したハイドリヒは、ノルウェー侵攻の際には空軍パイロットとして華々しく活躍しようと考え（あるいはそう思わせていた！）、訓練を受けた。

ハイドリヒは空軍に志願していたという噂があったのだが、それもわざと仕かけた裏工作にすぎなかった。ハイドリヒはひそかにドイツの傀儡政権をノルウェーにうち立てる準備をしていた。ノルウェーにおけるユダヤ人の人口調査はそのため容易に進んだ。ハイドリヒの働きで、すぐにユダヤ人七〇〇〇人の収容所送りが決まった。

ヒトラーが一九四〇年五月から六月にかけて西部戦線で戦端を開こうとしているのを視野に入れ、ハイドリヒは一九三八年からフランスに約二〇〇名のスパイを投入して活動を展開し、フランスの威信を削ぐことに貢献した。さまざまな策略を練って世論を攪乱し、「新たなヨーロッパの秩序」に組みこまれた「平和を回復し（ドイツに）協力的なフランス」を甘受するよう仕向ける、という戦略だった。

ハイドリヒの能力がもっとも発揮されたのは、彼が率いる国家保安本部の監督のもとで活動したアインザッツグルッペン（出動部隊）においてである。この集団の使命は、ドイツの敵と判明しようとしまいと、たんに疑われた者まですべて虐殺し、軍部の任務を完遂することだった。一九四一年五月、ハイドリヒは三〇〇〇人の殺戮担当者を選別、グループ分けし、A、B、C、Dの四つの特別攻撃隊を編成し、一二〇〇人の士官に統括させるよう命じた。一九四一年六月二二日、ドイツはソ連に侵攻し、アインザッツグルッペンも攻撃を開始した。出動部隊の使命は数百万人のユダヤ人、共産主義者、ロマ、破壊行為の責任者たちを殲滅することだった。かれらを巧妙にだませばだますほど称賛された。たとえばある町では、宿泊施設に入れるため、ユダヤ人たちに集合するよう命じた。子どもをふくめ三万四〇〇〇人の男女がなんの疑いもなく命令にしたがってやってきた。そして一人残らず殺された。

敵の絶滅というナチの原則を完璧にこなし、一九四一年九月二七日、ノイラートがこの時まで名実ともに総督だったフラッチャヌイに到着したハイドリヒとはこのような人物だった（ノイラートは一九四三年八月まで名目上は総督職にとどまった）。一九四一年一〇月二日、ベーメン・メーレン保護領の政治・軍事担当の幹部をチェルニン宮殿に集め、ハイドリヒは計画を発表した。「今後この地域はドイツ人によって植民地化されねばなりません」。この目的のため、ハイドリヒは「ゲルマン系」の者はドイツ国民にふくめると宣言した。その他の労働力である「スラヴ人」は資源の発掘や「文化的な大事業」のため使われるとした。

離れた場所にいたにもかかわらず、ハイドリヒは東方にいるアインザッツグルッペンの殺戮を統括しつづけた。一九四一年から一九四二年にかけての冬、グループAは合計二四九、四二〇人、Bは四五、四六七人、Cは九五、〇〇〇人、Dは九二、〇〇〇人のユダヤ人を殺害した。二〇〇四年に、あるウクライナ人の女性が語ったところによると、「ユダヤ人たちは溝のふちに立ち、ドイツ人が背後から撃ちました。ユダヤ人たちはそのまま溝にくずれ落ちました。その上から石灰がかけられました」という。

最終的解決を主導

プラハに赴任してからも、ハイドリヒは強制移送と殲滅をいっさいとりしきっていた。それが彼の仕事であり得意分野であり、こだわりだった。ユダヤ人殺戮は一九四一年末までいきあたりばったりで行なわれており、関連領域のすべての責任者同士で議論されることもなかった。殺害の方法も、手をくだす兵士たちには耐えがたく、効率も悪かった。

一九四二年一月二〇日、ベルリンとポツダムのあいだにあるヴァン湖《ゼー》のほとりの邸宅で会議が行なわれた。会議を招集し、議長をつとめたのはハイドリヒだった。この会議で、ヨーロッパにおける「ユダヤ人問題の最終的解決」のためにとられるべき輸送・運営システムが明確にされ、整理された。ハイドリヒは、約一五人の各省代表や親衛隊の士官たちを前に、ユダヤ人をヨーロッパから追放することが開戦とともにいかに困難となったかを一時間半にわたって説明した。ユダヤ人絶滅は大規模事業として考えねばならない、とハイドリヒは述べた。東部の道路工事に駆り出されたユダヤ人は体力のない者から徐々に命を落とすことになるが、生き残った者も「適切な処置」を受けて殺される運命だった。

このヴァン湖《ゼー》会議の後、ユダヤ人絶滅政策がヨーロッパ全域に拡大するとの見通しが立ち、ハイドリヒは五月五日から一二日にかけてパリのホテル・リッツに滞在した。警察庁長官ルネ・ブスケをはじめとするペタン政府の高官とともに、フランスでとるべき弾圧政策について協議した。それらを実行するナチの役人たちも配置した。

ハイドリヒは責任ある職務に誇りをもっていた。執務室に部下が集まっているとき、諧謔《かいぎゃく》的に「ごみ処理隊長」と名のっていた。おもな仕事は国の衛生を保つための清掃だというのがいつもの冗談だった。

プラハに着任してから二か月のあいだに、四〇〇人のチェコスロヴァキア人が死刑を言い渡され、四〇〇〇人が投獄、あるいは強制収容所に送られた。こうした措置によってようやく各地が平穏になったとハイドリヒは信じていた。

ハイドリヒは復活祭から、妻と三人の子どもといっしょにパネンスケ・ブレッァニの広く快適な屋敷に住んでいた。いやユンファン・ブレシャンというべきだ。標識はこのときもはやドイツ語に直されていたのだから。プラハの北から一六キロ離れた村で、一九四一年一〇月テレージエンシュタットに建てられた強制収容所へつながる道の途中にあった。

この領有地には、芝生と木立に囲まれた一八世紀の白亜の殿堂が建っており、七ヘクタールの庭園が広がっていた。以前はフェルディナント・ブロッホという人物が所有していた土地だった。製糖業を営んでいた実業家ブロッホは一九一九年にチェコスロヴァキア国籍を選んだ。ウィーンの画家グスタフ・クリムトのモデルで有名なアデーレ・バウアーの夫だった。芸術愛好家だったブロッホは絵画コレクションを屋敷に保管していた。しかし彼はユダヤ人だった。ブロッホの財産はことごとく「アーリア化」（経済活動からユダヤ人を追放するためユダヤ人の企業や不動産がドイツ人に売却された）され、彼はスイスに亡命せざるをえなかった。

あたり一帯田園地帯でゆるやかな起伏があったが、周囲の監視はしやすかった。見渡すかぎりなにもなかった。しかしながらハイドリヒは幻想とは無縁で、チェコ人からみれば自分は「虐殺者のボス」だとわかっていた。近隣の農民たちをたちのかせ、見張り役の兵士の班を常駐させた。

プラハに不在の時以外は毎日、ハイドリヒはメルセデスに乗ってフラッチャヌイに通った。城の上にひるがえる、国家社会主義ドイツ労働者党の赤と黒のハーケンクロイツの旗を背負っているという自負があった。彼はいつも車のなかでは助手席に座り、ボディーガードもつけず、簡単な防弾チョッキを着ていた。

週に二、三回は参謀部をともない、ベルリンに飛んだ。通常の司令を受け、適切な命令を伝達するための出張だったが、気晴らしのためでもあった。ハイドリヒはナイトクラブや売春宿の常連で、顔を覚えられていた。売春婦たちは彼にうんざりしていた。彼に指名されないように女たちは隠れようとし、彼を「狼の目の男」とよんだ。

一九四二年五月二六日火曜、ハイドリヒはヒムラーの承認を得て用意した書類を注意深く鞄にしまった。軍需工場の生産増強、一連の強制移送計画がその内容だった。五月二九日に予定されているヒトラーとの打ちあわせを前に、翌日その書類をヒムラーに見せ、見なおしと確認を請わなければならなかった。

その夜、威容を誇るヴァルトシュタイン宮殿で、ハイドリヒは一九三八年に亡くなった父の追悼行事を催した。父はハイドリヒに出世の道が開けたのを非常に喜んでいた。ハイドリヒは父の唯一の成功作『アーメン』なる一幕のオペラの上演を企画し、実現させた。一八九五年九月二二日、ケルン市立劇場で、父はみずから指揮棒をふり、喝采を浴びたのだった。今回、出演するのは父が設立したハレ音楽学校の元教師たちだった。すばらしい演奏会で、終了後は皆にシャンパンがふるまわれ、親衛隊将軍ハイドリヒが感きわまって謝辞を述べた。もちろんドイツの決定的な勝利が間近にせまっていると伝えることは忘れなかった！

水曜の朝、ハイドリヒは二人の息子、クラウスとハイダーに少しゆっくりかまっていたので、ふだんより一時間遅く家を出た。市街に降りていく途中、運命を変えることになるカーブで、ハイドリヒは待ち伏せている者がいることに気づかなかった。その男は鏡を使って、ハイドリヒの乗ったメルセデスの接近を仲間に教えていた。少し離れた歩道で、互いに二〇メートルほど間隔をあけて立っていた二人の若い男にも気づかなかった。最初の男が短機関銃を自分に向けているのが目に入ったとき、ハイドリヒは自分の拳銃をぬき、続けざまに何発か撃った。ハイドリヒに弾はあたらなかった。男の短機関銃が故障していて発砲できなかったのである。しかし、ハイドリヒが反撃するやいなや爆発が起き、車は後部に榴弾あるいは爆弾を受けて停止した。車体に大きな穴があいた。激しい爆発で、ハイドリヒの背中に激痛が走った。

ドイツの「英雄」倒れる

負傷してブロフカ病院に搬送されたハイドリヒの病状を医師たちは深刻にとらえず、命に別状はないと思われた。ハイドリヒを確実に救うため、ヒトラーは当時ヨーロッパでもっとも高名な外科医で、ベルリンのシャリテ病院に勤めるフェルディナント・ザウアーブルッフを派遣した。手術は成功した。爆発で脾臓に達していた手榴弾の破片とメルセデスの座席クッションにつめられていた馬の毛がとりのぞかれた。

しかし、総督代理ハイドリヒの早期回復は確実と思われたにもかかわらず、突然、運命の流れが変わった。敗血症を発症し、結局それが命とりになった。ハイドリヒは六月四日午前九時二四分に亡くなった。二日後、旗に包まれた棺は派遣された親衛隊員の手で病院から運び出され、大砲の台にのせられた。栄誉礼の後、ハイドリヒの遺体はフラッチャヌイまで移送され、式典の間《ま》に安置された。四人の親衛隊司令官が衛兵をつとめた。

六月七日日曜明け方、ヒムラーがフラッチャヌイに到着した。城の前庭に、ドイツの傀儡となったエミル・ハーハ大統領をふくめ、保護領の権力機関代表が勢ぞろいするなか、出棺式が行なわれた。霊柩車は空港に向かった。棺はベルリンに運ばれた。新総統官邸の「モザイクの広間」に安置されることになった。

一六時、公式式典がはじまった。ヒムラーは故人ハイドリヒの「高い道徳性」、「強い正義感」、「範とすべき謙虚さ」をたたえた。次はヒトラーの弔辞だった。「卑劣なテロの犠牲となった故人」には、世界の国家社会主義的展望を「だれよりも懸命に守りぬき」、「あらゆるドイツの敵と勇敢に戦った」とヒトラーは述べた。そして葬列はインヴァリデン墓地（軍人墓地）に着き、遺体は厳粛に埋葬された。

その後、「英雄」ハイドリヒは称賛に包まれた。フェンシングの名手、類まれな騎手、水泳のチャンピオンだった彼へのおしみない賛辞が送られた。六月一二日、特別な最高位勲章であるドイツ勲章が授けられた。ハイドリヒのデスマスクをもとにデザインされた黒と紫の郵便切手が発行された。

その間、「テロリスト」たちは依然として見つからなかった。「夜一〇時以降の外出禁止、違反者は死刑」と書かれたポスターがプラハの街に掲示された。「誰何《すいか》に答えない通行人は即刻処刑する」

五月二七日、暗殺のニュースが流れると、日がくれないうちから町中くまなく捜索が入った。バー、劇場、映画館は閉鎖された。ホテルも一軒また一軒と統制された。支配人たちはなんらかの異常に気づいた場合、警察に通報するよう厳命され、容疑者を匿《かくま》った場合は処刑されると告げられた。にもかかわらず、ゲシュタポの捜査ファイルにあげられていた「抵抗者」と疑われる者が何名か逮捕された以外、なんの成果もなかった。

しかし六月一〇日、クラドノに駐在していた親衛隊員たちが、プラハの北西約二〇キロの地点にあるリディツェ村にのりこんだ。容疑者たちを尋問した後、親衛隊員たちはこの村がハイドリヒ襲撃事件に関与したと思いこんだ。一六歳から八二歳までの一七三人の男たちが銃殺された。二日後、二〇三人の女たちが強制収容所に送られた。子どもたち八二人は大量殺戮の強制収容所に送られ、ガス室で殺された。「ドイツ化」するにふさわしいと判断された九人の子どもたちはドイツに移送され、施設で本物のドイツ人らしくふるまうよう教えられた。

六月一八日二二時、プラハラジオ放送は「本日午前、ハイドリヒ氏襲撃の犯人らが、教会に潜伏していたところを発見されました。犯人らは拘束の際に殺されました。全員チェコ人でした。共犯者も処刑されました」と発表した。ハイドリヒの襲撃計画は亡命中のチェコ人のレジスタンス運動指導者が綿密に練ったものだった、とドイツの新聞は報道した。「犯人ら」はロンドンからハリファックス機で飛び、プラハ上空でパラシュート降下した模様、と…

報復行為はさらに続き、六月二四日、レジャーキという別の村が数百人の親衛隊員に包囲された。三四人の大人が銃殺された。一三人の子どものうち一一人が、リディツェの仲間と同様、大量殺戮の強制収容所に送られた。残った二人の姉妹はドイツ人の家庭に預けられた。

六月二七日、当局は総督代理ハイドリヒ暗殺犯逮捕への協力に対する報奨金を支払ったと報道機関が一斉に報じた。いまの四万ユーロに相当する金額だった。決め手になる情報を提供したチェコ人二名がそれぞれ四分の一ずつ受けとった。残りは七人のドイツ人、五三人のプラハに住むチェコ人に配分された。

リオネル・リシャール

参考文献

BURGESS Alan, *Seven Men At Daybreak,* Evans Brothers Limited, 1960; traduction : TADIÉ Marie, *Sept hommes à l'aube,* Paris, Albin Michel, 1962.（『暁の七人（Operation Daybreak）』のタイトルでルイス・ギルバート監督が映画化、一九七五年）

BINET Laurent, *HHhH* [pour *Himmlers Hirn heißt Heydrich,* c'est-à-dire «Le cerveau de Himmler s'appelle Heydrich», sobriquet qui aurait été donné à Heydrich, selon Mario R. DEDERICHS, par certains officiers SS], roman, Paris, Grasset, 2010.（ローラン・ビネ『ＨＨｈＨ プラハ、１９４２年』、高橋啓訳、東京創元社、二〇一三年）

CALIC Édouard, *Heydrich, l'homme-clé du iiie Reich,* Paris, Robert Laffont, 1985; réédition Paris, Nouveau Monde, 2014.

DEDERICHS Mario R., *Heydrich. Das Gesicht des Bösen,* München, Piper, 2005; traduction : CANAL Denis-Armand, *Heydrich. Le Visage du Mal,* Paris, Tallandier, coll. «Texto», 2007.

GERWARTH Robert, *Hitler's Hangman: The Life of Heydrich,* New Haven, Yale University Press, 2011.

HUSSON Édouard, *Heydrich et la Solution finale,* préface de KERSHAW Ian, Paris, Perrin, 2008.

MACDONALD Callum, *The Killing of SS Obergruppenführer Reinhard Heydrich,* New York, The Free Press, 1989.

WIGHTON Charles, *Heydrich, Hitler's Most Evil Henchman,* Philadelphie, Chilton Company, 1962.

WILLIAMS Max, *Reinhard Heydrich. The Biography,* tome 1, *Road to War,* Church Stretton, Ulric Publishing, 2001, et tome 2, *Enigma,* id., 2003.

16 イディ・アミン・ダダ
ウガンダの殺戮者
（一九二三頃―二〇〇三）

一九七一年、奇矯《ききょう》で誇大妄想狂のイディ・アミン・ダダは、クーデターで政権を奪取する。それから彼は、一九七九年に政権がタンザニア軍に転覆されるまでの八年以上にわたり、自国を恐怖で支配した。その後、粗野で狡猾で血に飢えたグロテスクな独裁者としての記憶を残したまま、亡命先のサウジアラビアにて死去する。彼が権力の座についていたあいだ、ウガンダ人約三〇万人が殺害され、さらに数千人が国外追放という憂き目にあわされたのである。

「サンキュー！　サンキュー！」。一九七九年四月一一日の水曜日、ウガンダの首都カンパラは歓喜の声に包まれていた。熱狂した群衆は、解放者としてやってきたタンザニア人兵士たちを友好的に迎え入れている。ウガンダはこの日、大統領イディ・アミン・ダダ元帥が恐怖を押しつけてきた八年三か月にもおよぶ悪夢から抜け出したのだ。アフリカ現代史上、もっとも苛烈な統治が、約三〇万人の死者という代償を払うことによって、終わりを告げたのである。

首都の中心部にある国家調査局すなわち公安警察が入っていた小さな建物では、ほんのわずかな数の元拘留者たちが、まわりに転がっていた死体を食べながらいかにして一か月以上も生きのびたかを語っていた。地下牢と庭には腐敗した三〇あまりの死体。排水溝のいたるところに、乾いた血がべっとりとこびりついている。まさにここで、逮捕された人々が次から次へと処刑されたのだ。タンザニア軍がせまりくると、調査局の拷問者たちは一日に二〇〇体もの死体を運び出したという。建物の前では、人々が親戚や友人の痕跡を見つけだそうと、地面にちらばった何千枚もの身分証明書や書類をかきまわしていた。奇矯で誇大妄想狂のイディ・アミン・ダダは、かつてみずからを「世界でもっとも偉大な国家元首」だと宣言したが、なにはともあれ、彼は史上最悪の殺戮者の一人である。

イディ・アミンは、自分が生まれた年を特定したがらなかった。あるいはできなかったのかもしれない。一九二三年から一九二五年のあいだに、スーダンと旧ベルギー領コンゴに近い西ナイル地方のコボコという大きな村で生まれたといわれている。父親は、ウガンダの人口のわずか五パーセントを占めるイスラム教徒であり、カクワ族というヌビア人の小さな部族の出身だった。母親は、隣接した地域のルグバラ族の出だ。この乾燥した貧しい地域では、得体の知れない信仰が残っており、雨乞いをするのに丘に石を積み上げるという。粘り強く、無慈悲に戦う戦士たちには、「カミオジョ」とよばれる地方特有の植物から抽出した幻覚剤を摂取する習慣がある。この煎じ薬を飲めば、銃弾から身を守ることができると考えられているのだ…

文盲の巨人

イスラム教徒で漆黒の肌の少数部族出身だったイディは、子どもの頃、山羊飼いをしていたので、県庁所在地であったアルアの学校には少ししか通っていない。母親のそばから離れないような甘えん坊で、ほとんど読み書きを覚えることがないままだった。母親は、手が空くと祈祷治療師として施術をすることもあったが、一兵卒から警官になった夫が家を出ていってしまったため、駐屯部隊とともに暮らしていた。幼いイディは、市場でビスケットを売るようになる。田舎から出てきたよそ者として、恐怖と謎と放浪の世界で成長していく「バヤイェ」とよばれる浮浪児だった。

一八歳にしてすでに身長は一メートル九一センチ、体重は一〇〇キログラム。イディは雄牛のような首まわりをした巨漢になっていた。その後、ラグビーのオフェンス選手となり、さらには一九五一年から一九六〇年までの九年間、ボクシングヘビー級のウガンダ国内チャンピオンの座を保持している。イディは、白人の対戦相手が試合中に自分に首の骨を折られてリング上にくずれ落ちて死んだようすを、のちに最初の妻となるマルヤムに語った。試合の翌日、不幸にみまわれた対戦相手の妻が、泣きわめきながら自分にピストルをつきつけてきたが、すんでのところで銃をとりあげられたという。

イディ・アミンは、のちに大統領になると、アジアでの大戦が終わるまでビルマ遠征に従軍したイギリス植民地軍に強制的に徴兵されたと主張するようになる。これは純粋なでまかせだった。現実はもっとつきなみである。一九四六年、母親が居を定めたヴィクトリア湖畔北部の町ジンジャで、人なみはずれた体格をした青年が、イギリス軍の兵士採用担当下士官の目にとまり、実戦に参加する前に調理師見習いとして、王立アフリカ小銃隊第四連隊に入隊することになった。こうして彼は、別世界にもぐりこむことになる。じゅうぶんに食べさせてもらい、身なりを整え、下手な英語をたどたどしく話しながらも、やっとのことでどうにか規律を身につけたのだ。彼の熱意は共感を得た。タフでおどけた「よい黒人《ニグロ》」。無学だが陽気な巨人。イギリス人は「ビッグ・ダディ（大きなパパ）」とよんだ。「いいやつだが、どちらかといえば頭を使うのは苦手だ」と、士官の一人が書き残している。アミンはケニアとソマリアで軍務につき、「シフタ」とよばれる家畜泥棒を捕まえる仕事をすることになった。

一九五三年、ケニアでの「マウマウ」「イギリス植民地政府はアフリカの独立運動・民族解放闘争を「マウマウ」という秘密結社が存在するとして弾圧した」との恐怖の戦いに、イディ・アミンが登場する。このキクユ族の反乱に直面しても、残忍な本能のおもむくままに、なんの迷いもなく、音一つ立てずにナイフで人殺しができるようになっていた。軍曹になった彼は、ウガンダ北東部に戻ると、遊牧民カラモジョン族の武装解除を受けもった。そこできわめて独特な尋問方法を考案した。羊飼いたちはアミンの前に立ち、テーブルの上に自分のペニスをのせるよう強制される。そのあいだ、アミンはナタをにぎりしめ、武器の隠し場所を明かさなければ去勢するとおどすのである。

一九五四年、イディ・アミンは、賓客としてウガンダを訪問した女王エリザベス二世を祝う軍事パレードを指揮した。一九五五年、ウガンダの主要な民族であるガンザ族の第三五代「カバカ」（「王」の意）のムテサ二世が亡命先から帰還したときも、同じようにパレードを受けもった。その後、スーダンの反乱を容赦なく鎮圧する。一九五九年、すでに学力試験で二回不合格になったとはいえ、実地訓練を積んだおかげで、彼はついにアフリカ人下士官のために作られたばかりの新たな階級に昇進した。まるでキプリング［大英帝国全盛時代のイギリス人小説家・詩人。世界各地に滞在した経験があるが、なかでも「ジャングル・ブック」などインドを舞台にした作品は世界的にも有名］の小説に登場しそうな、異国情緒ただよう「アフェンデ」（階級としては中尉と同等）とよばれる階級が新設されたのである。こうして一九六二年一〇月六日にウガンダが独立したときには、イディ・アミンは中尉であった。国内で二人しかいない黒人士官の一人だった。

早くも残虐さを発揮する兵士

それよりも少し前、イディ・アミンは、ある汚れ仕事の顛末をひきずっていた。ケニアの遊牧民族トゥルカナ族と、先祖代々対立していた「いとこ同士の関係」にあるカラモジョン族のあいだの抗争を沈静化させるために派遣されたことがあったからだ。彼の分隊は、あるトゥルカナ族の村の住民を老若男女とわず全員虐殺した。そのなかには生きたまま火をつけられた人々もいる。つまり、彼は軍事裁判にかけられるおそれがあった。だが、この虐殺事件が表ざたになると、独立前夜という時期が時期だけに政治問題となる可能性があった。すでに未来の首相として任命されていたミルトン・オボテの助言によって、イギリス植民地軍はアミンに訓告処分をくだしただけだった。

オボテのうしろだてのおかげで、イディ・アミンは一足飛びで昇進していく（一九六三年に少佐、一九六五年には大佐）。イギリスで軍事教育をすべて終え、さらにはイスラエルでパラシュート降下訓練を受けた。その後、長年にわたって、そのときの降下訓練で獲得した徽章を身につけることになる。少しさかのぼって一九六四年一月には、ジンジャでの暴動を鎮圧するのに、自分の権威がどれほどのものなのかを試すことになった。給金が安すぎると怒り心頭だった兵卒たちを、数時間で鎮めてみせた。よく通る声と恰幅のよさによって、敬意をいだかせたのだ。

一九六五年、軍のナンバー2までのぼりつめたイディ・アミンは、コンゴ東部で九週間をすごす。オボテの命により、まず、モイーズ・チョンベ首相率いる政府に戦いを挑んでいた武装勢力を支援し、その後クーデターを起こしたコンゴ軍総司令官モブツを支援したのだ。彼らに武器を提供するひきかえに、大量の金や象牙やコーヒー豆を手に入れ、その多くを自分の懐におさめた。戦利品の総額はしめて一〇〇万ドル。一九六六年二月、ある国会議員が、アミン・ダダの銀行口座明細書のコピーをちらつかせたために、スキャンダルが発覚した。一九六三年に大統領になった国王ムテサ二世は、調査を要求する。野党は、オボテとアミンに「金粉まみれの双子」というあだ名をつけた。

オボテはかねてから「カバカ」すなわちムテサ二世を排除しようとし、すでにその計画を自分の特別な盟友アミンに打ち明けていた。身の危険を感じたオボテは、計画を実行に移すことにする。憲法停止、数名の大臣の逮捕、反対勢力の無力化…。二日後には、イディ・アミンをウガンダ軍総司令官に任命する。四月には新憲法によって、古くからの王国の半自治権が廃止された。ガンダ族は蜂起し、アミンは迫撃砲で王宮を攻撃した。すくなくとも四〇〇名の反対派が粛清され、ムテサ二世は逃亡する（ロンドンで一九六九年に四五歳で死去）。学のある多くのウガンダ人たちが、王にならって亡命を選んだ。こうしてオボテは大統領におさまった。

陰謀とクーデター

当初、アミンとオボテは協力しあい、互いに融通しあっていた。それまで長いあいだ、ウガンダ南部や中部のバントゥー人に比べて北部の民族は不遇であったが、ガンダ族に対して二人で組んで勝利をおさめたことによって、歴史的な復讐をとげることができた。アミンは、自分に対して献身的なヌビア人、なかでも多くのカクワ族の兵士を、採用のさいにも昇進においても優遇するようになる。だが、しばらくすると、アミンとオボテのあいだの対抗心が激しさを増していった。一九六九年一二月、オボテは未遂に終わった暗殺事件の標的になった。部下から軍事指令を出すよう求められたアミンは、パニックにおちいり、逃走したもののまいもどり、しどろもどろになりながら不明瞭な説明をした。ウガンダ軍ナンバー2のピエリノ・オコヤは、アミンを職務放棄のかどで告発したが、別荘の庭で、妻とならんで死んでいるところを発見される。捜査が開始された。犯人と噂されたのはイディ・アミンだった…

オボテは、アミン総司令官から徐々に権力を剥奪していき、信頼がおける自分の出身部族でアチョリ族と類縁関係にあるランギ族の若い士官たちを重用するようになった。そこでアミンは、イスラエルの秘密情報機関と外国人傭兵ロルフ・シュタイナーの助けを得て、南スーダンで反乱を起こしていた武装組織「アニャニャ」の兵士二〇〇〇人を高額で引きぬき、自分の立場を強化した。一九七〇年九月、またも暗殺からのがれたオボテは、ついにアミンと縁を切ることを決心する。アミンをエジプト大統領だったナセルの葬儀に送り出し、その足でメッカへ巡礼に行くように勧めたのだ。いぶかしく思ったアミンは、ウガンダに秘密裏に戻ったが、数日自宅で監視下に置かれるはめになった。オボテは、アミンから軍を指揮するという職務をとりあげ、彼を管理職に追いやった。

一九七一年一月二五日、ある下士官が、ラジオを通じ、ぎこちない英語で軍が権力を掌握したと発表した。オボテは、シンガポールで開催されたイギリス連邦首脳会議に参加していたために、ウガンダを留守にしていた。オボテは出発する前に、帰国したらアミン総司令官に重要な問題のいくつかについて説明を求めるつもりだと予告していた。致命的なミスだった。きわめて疑り深い男に対して、不器用にも警告を出したようなものである。さらには、彼の手腕や決断力、そしてサバイバル本能を過小評価していた。オボテは、隣国タンザニアの大統領ジュリウス・ニエレレ宅で亡命生活を送るほかなくなった。

流血なしで達成された政府転覆は、首都カンパラで歓喜をもって迎えられた。不倶戴天の敵を追いはらったガンダ族は、街で歌い、踊った。アミンの妻マルヤムは、夫の隣に座って車で凱旋したときのことを述懐している。「わたしたちに拍手喝采する、喜びにあふれた群衆のなかを進んでいきました。ウガンダの人々がこれほど輝いて見えたのは、はじめてでした」。そしてこうつけくわえた。「せめて、あの人たちが、自分たちの身に何が起こるのかを知らされていたのなら！」と。

ウガンダの新たな元首となったアミンは、幌なしジープを毎日のように運転しながら人々とふれあい、「わたしは野心的な男ではない。一兵卒にすぎないのだ」と、謙虚な態度で人々を安心させていた。あちこちまわった地方では、英雄として迎えられた。彼は、先祖代々受け継がれた価値観を尊重し、年長者を…そしてウガンダで働く「イギリス人教師」たちをうやまうよう説いた。政治犯を釈放し、秘密警察を解体し、選挙の実施を約束し、故ムテサ二世の国葬をとりおこなった。

彼は西欧社会、とくにイギリスとイスラエルには喜ばしく受けとめられた。もともとウガンダでは多くのイギリス人とイスラエル人が暮らし、経済面で権益をにぎっていただけに、この国の戦略的な重要性を認識していた両国は、ウガンダにとってとくに緊密な同盟国となった。王を廃位し、時間がたつとともに第三世界主義的、社会主義的な傾向を強めて一九六九年に左傾化へと舵を切ったオボテは、警戒心をいだかれていたのである。したがってアミンによって、イギリスとイスラエルは安心した。イギリスのメディアも同調する。保守系のデイリー・テレグラフ紙は、彼のことを「ほかのアフリカの指導者とは反対に、信頼できる友人だ」と称賛した。ウガンダの中産階級、インド・パキスタンの商人、そして外国人実業家たちは、胸をなで下ろした。「社会主義」政策は無期延期になったからだ。

ワニに投げあたえられた死体

だが、だれもが失望するのにさほど時間はかからなかった。アミンは国会を解散し、政治集会を禁止し、すくなくとも向こう五年間は大統領令によって統治すると発表したからだ。そして国家調査局、すなわちウガンダ版死の組織を設立した。ある兵舎のなかから、クーデター時に失踪していたアメリカ人記者二人の死体が発見される。温厚な巨漢という雰囲気はいつわりで、アミンはサイコパスで貪欲で懐柔のうまい暴君だった。陽気さと残虐さを交互に示しながら、発作的な激高と抑鬱状態をくりかえした。虐殺がはじまり、恐怖が植えつけられた。

ムバララの兵舎にいたアチョリ族とランギ族の兵士数百名が、機関銃で殲滅された。クーデターを支持しなかった軍の司令官たちは処刑された。その多くが斬首され、ほかにも三〇人ほどが、独房に放りこまれたダイナマイトで爆死した。アミン配下のヌビア人による殺戮によって、軍内部で無慈悲な粛清がはじまったのだ。

アミンは、文民の知識人も標的にした。政治家、高級官僚、実業家、教師、医師、聖職者も殺された。そのなかには、車に火を放たれて焼死したマイケル・カグワやベネディクト・キワヌカといった高官、最高峰のマケレレ大学の副学長をつとめたこともあるフランク・カリムゾもいる。年月がたつにつれて、生存者からは同じ話がくりかえされるようになった。同じ描写が何度もよみがえる。拷問を受けた人々の血で赤く染まった刑務所の壁、川に浮かんだ死体、サバンナで焼き殺された、あるいはハゲタカの餌食にされた人の残骸、オーウェン・フォールズ・ダムの水力発電タービンをふさぐ切りきざまれた人体の肉片、哀れにも切りとられた自分の性器を喉につめられて窒息した男たち、人肉で満腹になったワニ、交通事故をよそおった暗殺……

自分に異を唱える者、あるいは潜在的なライバル、またはそのようになると考えられる者は、だれでも殺された。首を切り落とされた胴体がヴィクトリア湖に投げすてられる一方で、アミンは、冷凍庫に保管されたその首に説教をたれたという。この暴君は、犠牲者の肉を食し、血を飲んだこともあった。写真が物語るように、こうした不幸な人々の処刑に立ち会うこともまれではなかった。ハンマーでうなじを数回たたくのが定番の処刑方法、そしてアキレス腱を切断するのがお気に入りの拷問方法だった。

遅きに失したとはいえ、悔いあらためて亡命するまでの六年間、最悪の事態に加担してきた保健大臣ヘンリー・キエンバは、背筋も凍るような内容の自著*A State of Blood*［ヘンリー・キエンバ『大虐殺——アミンの恐るべき素顔』、青木栄一訳、二見書房］で、彼の母国がまたたくまに地獄へ転落していくようすを語っている。エリザベス二世がイディ・アミンをバッキンガム宮殿に招待した一九七一年夏頃から、死体を積んだトラックが兵舎とナイル川をくりかえし往復するようになった。保健大臣は毎朝、川のほとりで発見される死体の数の報告を受けた。キエンバによれば「通常の」逮捕劇は次のように行なわれるという。まず、衆目のなかで自宅か勤務先からひきずり出される。それから車のトランクに押しこまれ、森の奥深いところまで連行され、尋問され、そのまま処刑される。死体は倒れたところに腐敗するがままに放置される。たいていの場合、家族が被害者を見つけるための唯一の方法は、「死体回収人」に頼ることである。首都カンパラには、死体回収人は数多く存在した。金もうけになる仕事なのだ。

追放されたイスラエル人とアジア人

ウガンダにとって、一九七二年はターニングポイントとなる年だった。二月、イディ・アミンはカダフィを訪ねた。リビアの指導者は、気前のよい約束で彼を魅了し、さらにイスラム教に大々的に改宗することで、父親の宗教に回帰するように説得する。その過程で、カダフィはアミンを政治的にも正反対の方向に導いた。アミンは、外交における派手な方針転換を行ない、アフリカ向け支援の三分の一をウガンダにさいた最高の同盟国イスラエルと袂を分かったのだ。イスラエルは、ウガンダをブラックアフリカへの自国の影響力の中心拠点にしていた。イスラエルのモーシェ・ダヤン参謀総長のもとで士官候補生としてアミンは、空挺部隊の訓練を受けたことがあったが、そのときに彼と「テルアヴィヴで女の子の尻を追いかけていた」とアミンは主張している。それを受けてダヤンは、かつての生徒であるアミンを「完全に狂っている」と評した。なお、アミンは、自身のはじめての海外公式訪問先の一つにイスラエルを選んでいる。

一九七二年三月、軍事アドバイザー、専門家、外交官などイスラエルからの居留者五〇〇名は、四日で荷物をまとめることになった。「シオニスト帝国主義」を強硬に非難するようになったアミン・ダダは、イスラエル人のことを「ヒトラーよりも悪質」とみなしたのである。「彼らは『ナイル川の水を毒にする』ことを望んでいたのではなかったか？［エジプトで奴隷の身分だったユダヤ人が、モーゼに導かれパレスチナに戻り解放されるという旧約聖書出エジプト記より。神による十の災いの一つ「ナイル川の水を血に変える」をさす］」と言った。一九七二年九月、世界はまだ、ミュンヘン五輪でパレスチナ人テロリストが一一名のイスラエル人選手を虐殺したことによる動揺に包まれていたのにもかかわらず、ウガンダ大統領アミン・ダダは、国連事務総長であったクルト・ヴァルトハイム（彼自身かつてドイツ第三帝国の士官だった）に宛てた電報で、総統ヒトラーを「偉大な人物で、かつ偉大な征服者であり」ユダヤ人六〇〇万人を殺害するという「正義のもとに行動した」として大いにほめそやした。のちに彼は、みじんも後悔することなく、あれは「大いなる高揚感」に包まれていたタイミングで送ったメッセージだと言った。

一九七二年八月五日、予想だにしなかった急展開がふたたび起こることになる。夢に現われた神のお告げにもとづき、アミンは「経済戦争」をはじめた。イギリスのパスポートを所持するアジア人約五万五〇〇〇人に対して、彼らの資産をすべて残したままウガンダを去るように命じたのだ。あたえられた猶予は三か月。大英帝国の初期にこの地に「輸入された」祖先をもつインド人やパキスタン人は、商業のほぼすべてと産業の半分を牛耳っていた。士業といった自由業の大多数を彼らが占めており、中産階級の屋台骨のような存在だった。

アミン・ダダは、こうしたアジア人のことを「牛に餌をあたえないのに乳をしぼり出す」と非難し、「妨害者」や「寄生虫」になぞらえた。彼らが現地人のアフリカ人と交わることはなきに等しく、アフリカ人も、彼らのことをしばしば「甘い汁を吸う」存在としてみなしていたため、追放処分に拍手喝采した。アジア人たちがイギリス、カナダ、あるいはオーストラリアへ亡命するのに空港に向かう途中、アミン配下の兵士たちは、はばかることなく彼らの手もとに残っていた最後の宝石をはぎとった。

アジア人の強制退去は、経済面で大惨事をひき起こした。かつてチャーチルが「アフリカの真珠」とよんだ、肥沃で緑豊かなこの国の荒廃を早めることになった。生産力はがた落ちになり、商業活動は崩壊し、税収は消え、すでに軍事費の支出でふくらんだ財政赤字はさらに悪化し、物不足になり、社会サービスの質は低下した。財政・金融に無知なアミンは、「もっと紙幣を刷れ」

と命令し、インフレを悪化させ、まもなく急激なハイパーインフレをひき起こした。カンパラの中央市場で商売をしている人々に対して、アミンは「値上げのしすぎだ」と言って、警官に彼らを激しくたたかせた。

一九七二年九月一七日、タンザニアからやってきたオボテ派が、ウガンダに侵入しようと試みた。だが、彼らは大きく失望することになる。そもそもカンパラの人々は、すぐさま国軍に包囲されてしまったために、蜂起しなかったのだ。「小さな戦争」は二日間で終わった。オボテ派のゲリラはふたたび国境を越えて去っていった。だが、この事件によって、国家元首アミンの妄想のたががはずれてしまった。ますます弾圧は強まった。まず、反体制の親オボテ派をもてなした南西部の部族アンコーレ族に対して弾圧をくわえ、大臣たち、さらには軍人、側近とそれが続いた。彼らのなかで亡命者があいついだ。アミン・ダダは、陰謀をたくらんだと言いがかりをつけてエリートたちを斬首し、恐怖におとしいれた。陰謀自体は、実際に存在したものもあれば、彼の想像の産物でしかないものもあった。

テレビ放送された公開処刑

一九七四年、元外務大臣マイケル・オトンガの膨張した死体が、ナイル川に浮いていたところを発見される。参謀長のチャールズ・アルベ司令官をはじめ、約一〇〇名の士官たちが銃殺された。アミン・ダダは、自分が危険にさらされていると信じていたため、さらに残酷になり、処刑をテレビ放送するように命令する。刑に処される人々は「流れる血がしっかり見えるように」白い上っ張りを着せられた。

アミンに金で養われていたといえる憲兵隊、国家調査局、公安部隊の三つの機関は、それぞれの凶暴さを存分に発揮していた。東ドイツの技術者が導入した盗聴システムと情報分類システムを利用したのである。データはすべてコンピュータに保存された。第三世界のなかでもウガンダ警察が、もっとも設備が整った警察であったのはまちがいないだろう。一九七五年に元帥、一九七六年には終身大統領であるとみずから宣言した暴君は、三〇〇〇名のヌビア人からなる親衛隊に支えられていた。

敵の裏をかくために、大統領アミンは六人の替え玉を雇っていた。電話では居場所を決して明かさず、詮索しすぎるような通話相手には災いが訪れた。そして今度は、教会を新たな敵として名ざししたのだ。アラブ世界から受けとったオイルマネーの見返りに、アミンは軍、行政、商業を（あまり成功しなかったとはいえ）イスラム教化することを決定し、キリスト教宣教師たちを追放し、カトリック大司教を刑務所に放りこんだ。一九七七年二月には、聖公会の大主教ヤナニ・ルアムが、独裁者の手下によって暗殺された。

アミン・ダダには六人の妻と四八人の認知された子どもがいた。一番目の妻となったマルヤムは、いかに夫に乱暴に殴られ、六人の自分の子どもたちを奪われたかを語ったことがある。一九七三年四月のある日のこと、アミン・ダダは最初の三人の妻であるマルヤム、ケイ、ノラをたった一言で離縁し、手の一ふりで追いはらっている。しかも離縁したあとだというのに、不倫したケイを罰するとして、彼女の遺体を八つ裂きにした。さらにテレビでそれを紹介するとして、バラバラ死体を縫いあわせるところを、この不幸な女性の四人の子どもたちに目をそらさず見るように強いた。一方ノラについては、一九七九年初頭に死んでいるところを発見された。毒殺されたとみられる。トロ王国［ウガンダ南部のバントゥー人の王国で、ウガンダ独立後も自治権を維持していたが、オボテ時代に王制が廃止された］の美しい王女だったエリザベス・バガヤは、アミンの妻たちよりは幸運に恵まれていた。短期間ながら外務大臣をつとめたものの、アミンが言いよったのを拒絶したため失脚したが（彼女がフランスのオルリー空港のトイレで「白人男性と性交した」と、アミンは非難した）、かろうじてケニアにのがれることができたからである。

大衆にとっての喜劇役者

アミン・ダダは、おめでたい素朴さと狡猾さ、ユーモアと不信感、残酷さと滑稽さが独特な形で混ざりあった存在だった。何が滑稽なのかわかっていない彼の存在そのものが道化だった。巨大で獰猛で凶暴なピエロは、みずから進んで笑わせ役を演じた。雷のようにわめきちらし、さかんに身ぶり手ぶりをし、踊るようにゆさゆさと身体をゆらす。そうしたドタバタ劇には、不幸にもしばしば殺害をともなうものであったが、「黒いユビュ王［アルフレッド・ジャリの喜劇の主人公。暴言を吐く強欲で尊大な不条理きわまりない人物のたとえ］」としての芳《かんば》しくない評判をさらに高めた。しかも空威張りをし、作り話をしながら、全世界に対して助言と称して戒めの言葉を吐いた。

ウォーターゲート事件のさいには、アミン・ダダは「親愛なるブラザー」リチャード・ニクソン大統領に対して、政敵を投獄しろと勧めたが、のちにニクソンが失脚すると「お悔やみの言葉」を送った。ある日、タンザニア大統領のジュリウス・ニエレレに対して、ボクシングのリング上で自分と対戦するよう提案したと思えば、別の日には「もしあなたが女性だったなら、白髪が交ざっていようと、わたしは結婚を申しこんでいた」と愛情を表明した。さらにはアイルランド紛争を解決してやろうともちかけ、一九七五年一月に「かつての総司令官であるエリザベス二世」が暮らすバッキンガム宮殿になかば押しかけると、カンパラに来て「真の男」とはなにかを見に来るようイギリス君主を誘った。一九七六年には、「イギリス政府によって壊されたウガンダ・イギリスの関係を改善するために、アン王女［エリザベス二世の長女］といつでも結婚するつもりだ」と言いだし、「危機にあるイギリスを救うための救済基金」を立ち上げた。その基金のためにウガンダ人は列をなし、ある者は山羊を寄贈し、ある者は食料のバナナを差し出した。かつての植民地帝国の主をコケにした茶番だった。

一九七五年、アミン・ダダは、奇妙な忠誠の儀式を行なった。その儀式のあいだ、一四名のヨーロッパ系住民が膝をつき、手を上げて「南アフリカを解放するために」戦うことを誓ったのである。ウガンダのイギリス人社会は、実質的に人質状態にあった。そしてアミン元帥は駕籠に乗り、それを四人の白人に運ばせていた。同年、彼は英語教師デニス・ヒルズに死刑判決をくだす。彼はアミンを「村の暴君」扱いする未刊行の本の著者だった。イギリス外務大臣のジェームズ・キャラハンは、不運な教師をつれもどすために、みずからカンパラに出向かねばならなかった…

一九七五年七月にウガンダの首都で開催されたアフリカ統一機構（OAU）首脳会議は、アミン・ダダの権威を固める晴れの場であった。ヴィクトリア湖を前にして、ほかの二七名の各国首脳が唖然として眺めるなか、軍による「ケープタウン奪還作戦」の無言劇（ゴラン高原奪還作戦が行なわれたばかりの第四次中東戦争のような内容）を演出したのだ。アミンは、この機会を利用して豪華な晩餐会を開くと、サラという名の三〇歳以上も年下のジャズバンドの元ダンサーと結婚した。彼女のかつての恋人はすでにアミンに処刑されていた。このとき新郎側の立会人をつとめたのが、ヤセル・アラファトである。

あまりにも長いあいだ、アフリカ諸国の指導層だけでなく、アメリカの黒人活動家やアーティストたち（南アフリカの歌手ミリアム・マケバは、ウガンダの「名誉市民」だった）までもがアミン・ダダに甘い顔をしていたため、狡猾な彼のエゴはくすぐられた。首脳会議後の一年間、彼はアフリカの公式スポークスマンをつとめる。一九七五年一〇月には、国連で「帝国主義者の言語」である英語での発言を避けるとして大臣にスピーチを読ませ、拍手喝采を受けた。

没落と亡命

アミン・ダダは、もっとも権威ある軍人勲章を自分で自分に贈った。そして、たとえば「大英帝国の征服者」あるいは「スコットランド最後の王」といったこれ以上ないほど誇張した称号や、「地上のあらゆる獣と海中のあらゆる魚の主」といったファンタジーに満ちあふれた称号を自分にあたえていた。また、（スイススキー指導者協会のチャームもふくめて）もっているすべてのメダルを吊せるように特別な制服をあつらえた。一九七五年、フランス人ジャーナリストで、当時カンパラでの若き海外協力隊員であったミシェル・フォールは、マケレレ大学が受けた屈辱を目撃することになった。なかば文盲の暴君に、マケレレ大学総長の大きな頸飾を授与することを余儀なくされたのである。

滑稽でグロテスクな悲劇――多くの場合、復讐という性格をおびていた――の演出家として手練れのアミンであったが、今度は彼がこれ以上ないほどの屈辱を味わうことになった…。一九七六年七月三日の夜に起きた、かの有名なエンテベ空港での奇襲作戦である。先立つこと六月二七日、パレスチナ人二名とドイツ人二名の計四名のテロリストが、テルアヴィヴとパリを結ぶエールフランスのエアバスをハイジャックした。飛行機は、リビアのベンガジに強制的に寄港させられたのち、乗客を二五〇人ほど乗せたままエンテベ空港に着陸した。すると、ウガンダ当局から事前に了解を得て空港で待っていたほかの三名のテロリストが、ハイジャック犯に合流したのである。彼らは、その多くがイスラエルに拘束されているという約五〇名のパレスチナ人受刑者の解放を要求した。ウガンダ軍兵士の「支援を受けながら」、テロリストたちは乗客の選別をし、ユダヤ人およびイスラエル人一〇三名を人質として残し、ほかの乗客を解放した。イスラエル政府は、交渉するふりをして、突入作戦の準備に必要な数日を稼いだ。人質たちは、空港の乗り換えターミナルの待合ホールで拘束されており、アミンは仲介者風情を演出しながら、しばしば彼らを訪問した。七月三日の夜、約一〇〇名の兵士で構成されたイスラエル軍特殊部隊は、数々の計略が功を奏したおかげで、ウガンダ軍の不意をつくことに成功する。突入作戦のあいだに、三名の人質が死亡した。そのなかの一人は、イスラエル軍の銃弾にあたって倒れたユダヤ系フランス人だった。七名のテロリストは殺害され、飛行場に止まっていたウガンダのミグ戦闘機〔旧ソ連製のジェット戦闘機〕数機が破壊された。特殊部隊側は、たった一人の死者を悼むことになる。指揮官だったヨナタン・ネタニヤフ中佐、のちのイスラエル首相の兄である。残りの人質はみな解放された。ただし、ユダヤ人の高齢女性ドラ・ブロックだけが例外だった。七三歳だった彼女は、突入作戦の二日後に、アミンの命令で報復措置として冷酷にも処刑されたのである。この大胆な作戦によって、アミンは完全にバカにされた形となった…

一九七八年、アミン・ダダは、現実に目をそむけて無茶な行動に出た。起こりつつあった混乱から注意をそらすために、タンザニアに二〇〇〇名の兵士を派遣し、カゲラ突起とよばれる、植民地支配からの独立のさいに隣国に誤って併合されてしまった国境沿いの土地を、みずからの指揮のもと「二五分の電光攻撃のあとに」とり返す、と宣言したのが発端だった。反アミンのウガンダ人らを軍用車に乗せてやってきたタンザニア軍は反撃に転じ、アミンの部隊を制圧する。するとアミンは、親族や側近三〇名あまりをともなってウガンダをあとにし、首都カンパラは一九七九年四月一一日に陥落した。独裁者は失脚し、リビア経由で最終的にはハーリド王が統治するサウジアラビアに亡命した。

イディ・アミン・ダダは、サウジアラビア政府からの月々の補助金をもらいながら、ジェッダ郊外の裕福な地区で一四年間暮らすことになった。一九八九年一月、キンシャサ経由でウガンダに戻ろうとするが失敗する。キンシャサで身元が割れ、「好ましくない人物」と宣告されて、即刻退去させられた。一九九七年にはイタリアから、一九九九年にはウガンダからの記者二名が、アミンのゆくえをつかみ、彼がぜいたくな亡命生活を送っているジェッダで面会している。アミンは「何ひとつ後悔はしていない。ただ懐かしいだけだ」と言った。ウガンダの食べ物を恋しがっていた。国民食であるマトケが作れるよう送られてくるキャッサバ粉や、プランテン［バナナによく似た果物で調理に使われる］をとりに定期的に空港へ行くのだという。最後のおどけた物言いとなったが、自分の生殖能力を保つために一日三〇個のオレンジを食べると語った。

イディ・アミンは「人は銃弾よりも速くは走れない」といった辛辣な格言を非常に好んでいた。だが、銃弾は一つも彼をしとめることはなかった。二〇〇三年八月一六日、二〇世紀最悪の暴君の一人は病死した。ついぞ刑罰を受けることはないままに。

ジャン＝ピエール・ランジェリエ

参考文献

ALLEN John, *Idi Amin*, Farmington Hills, Blackbirch Press, 2003.
BARTER James, *Idi Amin*, San Diego, Lucent Books, 2004.
KYEMBA Henry, *A State of Blood*, Kampala, Fountain Publishers, 1977.（ヘンリー・キエンバ『大虐殺——アミンの恐るべき素顔』、青木栄一訳、二見書房、一九七七年）
MARTIN David, *General Amin*, London, Faber and Faber, 1974.
MERLE Pierre, *Amin Dada ou les sombres exploits d'un sergent de l'armée britannique*, Paris, éditions Régine Deforges, 1978.
ORIZIO Riccardo, *Talk to the Devil. Encounter with Seven Dictators*, New York, Walker and company, 2003.（リッカルド・オリツィオ『独裁者の言い分——トーク・オブ・ザ・デビル』、松田和也訳、柏書房、二〇〇三年）
ROPA Denis, *Qui est Idi Amin Dada?* Paris, L'Harmattan, 1995.
WESTLAKE Donald, *Kahawa*, Paris, Presses de la Cité, 1983.（イディ・アミン・ダダは本小説の主人公の一人。英語原書版は、WESTLAKE Donald E. *Kahawa*, Market Mysterious Press, 1996ほか）
WIEDEMANN Eric, *Amin Dada*, Albertville, éditions Charles Denu, 1976.（エーリッヒ・ヴィーデマン『アミン大統領』、芳仲和夫訳、朝日イブニングニュース社、一九七七年）

映画

KERSHNER Irvin (réalisé par), *Raid sur Entebbe*, 1977.（アーヴィン・カーシュナー監督『特攻サンダーボルト作戦』、英語原題 *Raid on Entebbe*）

MACDONALD Kevin, *Le Dernier Roi d'Écosse*, avec Forest Whitaker, 2007, d'après le roman de FODEN Giles; traduction : LASQUIN François et DUFAUX Lise, Paris, éditions de l'Olivier, 2003.（ケヴィン・マクドナルド監督、フォレスト・ウィテカー出演『ラストキング・オブ・スコットランド』、英語原題 *The Last King of Scotland*. 原作日本語版は、ジャイルズ・フォーデン『スコットランドの黒い王様』、武田将明訳、新潮社、一九九九年）

PATEL Sharad, *L'Ascension et la chute d'Idi Amin*, documentaire, 1981.（シャラッド・パテル監督『アフリカ残酷物語 食人大統領アミン』、英語原題 *Amin: The Rise And Fall*）

SCHROEDER Barbet, *Genéral Idi Amin Dada : Autoportrait*, documentaire, 1974.（英題 *General Idi Amin Dada: A Self Portrait*）

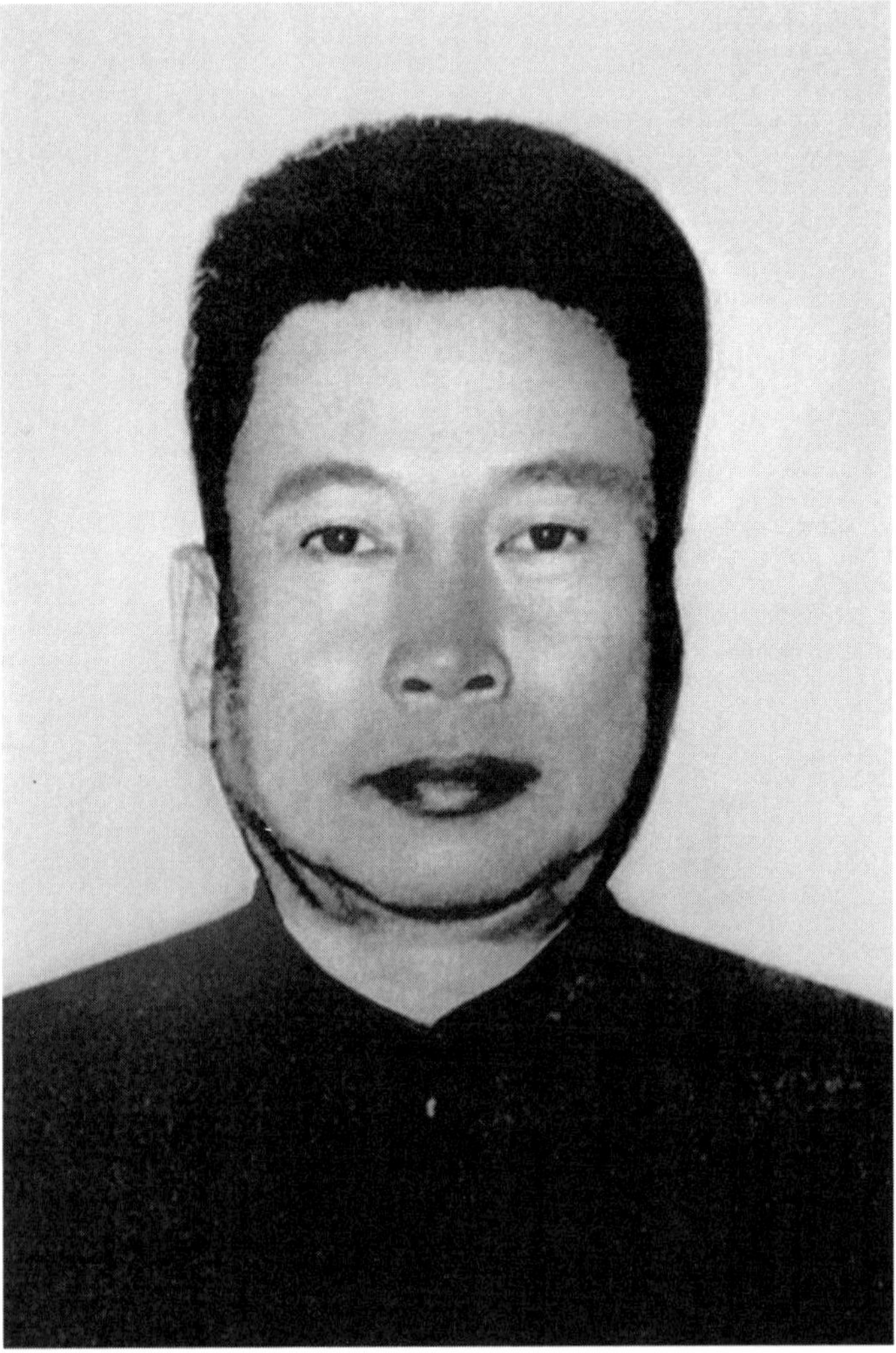

17 ポル・ポト
知られざる虐殺首謀者
（一九二五―一九九八）

はじめは革命を支える下働きの仕事を、黙々と、ほほえみながらこなしていたポル・ポト。しかしクメール・ルージュの「ブラザー・ナンバー・ワン」の座につくや、完全なる共産主義の権化となり、大量殺人に手を染めた。それから三〇年後、世界の共産主義陣営から見放されたオンカー［クメール・ルージュの恐怖支配を実行した組織］の絶対権力者は、ベッドで静かな死を迎えた。

カンボジアよ、おはよう！　心に一点のくもりもなく朝を迎えること以上に、モチベーションが高まることはない。みずから恥じ入るような過ちも、逸脱した考えも、どんなささいな罪すら一つとしてないことが肝心だ。理屈はともかく、現実を検証してみるとしよう。うっかりと容赦してしまった資本家は？　だれひとりいない。誤った考えを唱えるインテリは？　まだ生き残っているアメリカのスパイは？　ベトナム人に仕えながら罪に問われない売国奴は？　陰謀をたくらんでいるカンボジア人の修正主義的幹部は？　だれひとりとしていない。完璧な成果ではないか。

ポル・ポトはオンカー・パデワット（革命機関）、言い換えればカンボジア共産党［クメール・ルージュ］で「ブラザー・ナンバー・ワン」の暗号名でよばれていた。その日も起き出して目をこすり、伸びをした。時は一九七八年のクリスマス、キリスト教徒にとっては聖なる日だが、彼にはどうでもよかった。彼は目を覚ます直前まで、どのような夢を見ていたのであろうか。またまた集団虐殺を実行する夢だったにちがいない。それまでも、クメール・ルージュの革命ではポル・ポトの指揮下で血の粛清が行なわれたからだ。カンボジアはみずからを浄化することで強化されるのだ。ポル・ポトの祖国は民主カンプチア［カンボジアをクメール語の発音どおりに表記したもの］と改名され、不純分子排除のために住民の七人に一人、いやおそらくは五人に一人が殺されていた。このジェノサイドの目的は、過去の壮大なクメール帝国を再興することだ。いまやカンボジアの宗主を気どっているベトナムがカンボジアに臣従していた古きよき時代への回帰だ。

まだ半分眠りから覚めていないポル・ポトだったが、覚醒しはじめた。すぐにその日やるべきことを考え、頭がいっぱいになった。たとえば、タ・モクかヌオン・チアに反革命分子粛清の人数をたずねること。タ・ドッチにも。よき同志、ドッチは迷いのない男だ。過去には数学の教師をしていたため、数字には強かった。彼をS－21の責任者に任じたのは、われながらいい考えだったとポル・ポトはしたり顔になった。

高校の教室は改造されて拷問室に

S－21の暗号名をもつ革命組織の中央政治犯刑務所が、プノンペン南部のトゥールスレンに設けられた。「ノコルバル」とよぶクメール・ルージュの公安警察が統括している。ノコルバルの指揮をとるのはドッチの上司、タ・モクとヌオン・チアだった。ポル・ポトが、汚れ仕事をだれよりも忠実に引き受けてくれる、と考えたのが、強面で臆せず殺害を実行できるこの二人であった。

もとは高校の教室として使われていた一階の各室は、S－21によって拷問室に改造され、拷問を受ける者を寝かせる寝台のフレーム、固定するためのチェーンと横木がついた足かせ、電気ショックをあたえる電線がそなえられた。収容された一万四〇〇〇人のほとんどが、自白を強要された後に残酷な死をすでに迎えたか、まもなく迎えようとしていた。同様の収容所は地方にも無数にあり、もっと劣悪な状況に置かれていたところもあった。

この刑務所がS－21とよばれた理由とは？　クメール・ルージュの組織では、すべてを秘密裡に行なうために、あらゆるものに暗号名か数字が割りふられたからだ［S－21の収容者には、入所時に番号が割りふられたうえ、一人ずつ写真つきの登録簿が作成され、自白、処刑まですべて記録、管理された。一九七九年一月のベトナム軍侵攻に際し、クメール・ルージュはこれらの膨大な文書を放置したままプノンペンを脱出したため、S-21の概要が明らかになった」。ポル・ポトはフランスや共産党員以外のカンボジア人、そしてアメリカと長年非合法の戦いを続けたが、その間くりかえし語ったのは「すべて秘密にすれば、半分は勝利したようなものだ」。もちろん、ベトナムとも争っていたポル・ポトは、ベトナム人の祖先がクメール帝国を滅ぼし、カンボジア、いやカンプチアを植民地にしようとしたことを決して忘れなかった。

ベトナムに災いあれ、そのベトナムの言いなりになるカンボジア人には呪いを！　彼らは「カンボジア人の身体に宿るベトナム人」のレッテルを貼られ、同情のかけらも示されなかった。人間の顔をしたこの腹黒い蛇どもは、なんの警戒心も革命家としての厳格さももたず、クメール・ルージュが掲げるたった一つの価値ある夢、すなわち全体的共産主義、マルクス＝レーニン主義体制の完成という大きな夢の成就をさまたげる存在だ、とブラザー・ナンバー・ワンは思っていた。めざすところは極東のビッグ・ブラザー国家だ。一見したところ穏やかそうにほほえみかける国家だ。腹の内の読めない人間であるポル・ポトがつねに――死刑を宣告するときも――ほほえみを浮かべているのと同じように。

それでも、最高指導者は蚊帳をもちあげ、現実の世界に足をふみいれたとき、一抹の不安に襲われた。心を悩ますものは何なのか。頭に血がめぐるのと同時に、疑心暗鬼になる。そして「オンカーの支配網のしめつけは十分か。裏切り者を見逃してはいないか」と気に病んだ。

たしかに偽善者たちはいたるところにじつに要領よくまぎれこんでいる。

たとえばケオ・メアスという男。ブラザー・ナンバー・シックスであったが、高官のなかでは最初にみずからの罪を自白した。早くも一九七六年九月には、公安警察が彼の正体を「ベトナムに仕える裏切り者」であることをあばいた。

たとえばシエト・チェ、パン、ネイ・サランの三人組。シエトは軍参謀本部の元兵站総監、パンはポル・ポトの行政面での補佐官、ネイ・サランは北東部地域書記だった。この三人の卑劣な幹部は、ブラザー・ナンバー・ワンの中国への旅に随行し、一九七五年六月二一日に偉大なる毛沢東との初対面となった歴史的な会見のお膳立てをしたのだが、当時からすでに背信行為に手を染めていたというのだから！　一九七七年、三人はS-21でケオ・メアスと同じ罪状で同じ懲罰を受け、粛清された。

それからフー・ニム！　仏教僧というあだ名がついたこの男は、若い頃パリで法律を勉強したインテリで、軍の情報宣伝相をつとめた。となれば知識人に対する大規模な粛清の対象となったのはごく自然のなりゆきだった。容疑をかけられれば即有罪、処刑に向かう直前、彼は苦痛にあえぎながら死刑執行人に身をかがめて白状した。「わたしは人間ではなく、畜生です」。一九七七年五月二八日付けの自白文書に記録されたこの文句が、ポル・ポトはいたく気に入っていた。

その数日後の六月六日、今度は情報宣伝相補佐のティブ・オルが逮捕された。彼はかつて優秀なクメール文学の教授だった。その罪状とされたのが「ＣＩＡのスパイ」容疑、処刑の理由にも変化をつけて楽しむのがポル・ポト流だった。ティブ・オルもまた、自白を強要され、処刑された。

一九七八年四月にプノンペンによびだされたのは東部地域書記のソー・ピム。プノンペンへ向かう途中でなんとか逃げ延びようと画策し、六日間にわたる逃走劇のはてに銃で頭を撃ちぬいて自殺した。

農業副大臣だったボン・ベトは、一九七八年一一月に害獣として始末された。

小型版トゥールスレン（S‐21）とよべる政治犯収容所が国内各地で稼働していた。拘束者は全員に番号がふられ、「完全機密」扱いだった。人間性は打ちくだかれ、頭をはねられ、書類の山がむなしく積み上がった。しかし、過ちを犯した上級幹部たちにとってはS‐21が最終送還地であり、刑場だった。

それにしても、ここにいたるまで、なんという二五年間であったことか…

仏教僧院に入門する

ずっと以前、カンボジアがフランスの保護領だった頃、ポル・ポトはまだ本名のサロト・サルであった。一九二五年三月にプレクスバウという小さな村に生まれた少年は、どこにでもいるにぎやかで快活な子どもだった。しかし、土地の有力者だった父は、息子によい教育を受けさせたいと願って奔走し、プノンペンの王宮の隣にあるワット・ボトム・ワッデイ寺院に入門がかなった。

一〇歳でサルは僧院を飛び出し、兄のスオンが暮らすピロティつきの大きな木造の家に移り住んだ。勉学を続けながら、サルは王宮にたびたび出入りした。すくなくともモニボン国王の側室の一人となっていた姉のメアクに会いに行く、という理由があった。

強力なコネがいくらあっても、それだけではどうにもならないこともある。サルの成績は子どもの頃から一貫して凡庸だった。一九四八年、もう成人していたが、高校の受験にさえ失敗した。一家の経済状態を考えると、残された選択肢は首都の北部郊外にあるルセイケオ技術専門学校への進学しかなかった。そこでサルはいやおうなく大工、金物屋、ブリキ屋や金属旋盤工の卵たちとつきあうことになった。大学進学を願っていた彼は、ここまで落ちぶれて腐っていただろうか。そうにちがいない。だが、運命の女神がほほえんで、翌年にはフランス留学の奨学金が支給された。そしてほかの奨学生二人と、パリに出発する前にノロドム・シハヌーク国王に謁見する栄誉があたえられた。シハヌークはサルより三歳だけ年上で、一九四一年から王座についていた。

パリで無線技術を学ぶ学生となってようやく、サルにとっての職業教育がはじまった。だがセーヌ川のほとりで学んだのは、電気の交流直流についてではなく、マルクス＝レーニン主義だった。おそらくパリでの留学生活になじめなかった彼が、プノンペンのカンボジア人学生連合のメンバーとつきあううちに変わっていったのはしかたのないことだった。なかでも、ケン・バンサクや、くわわったばかりのキム・チャン（のちに、イエン・サリの名でポル・ポトの側近中の側近となる）が指導して、もっとも過激なメンバーたちがマルクス主義学生サークルをつくり、やがていくつかの細胞が組織された。

はじめはおそるおそるだったが、自信をつけたサルは、フランス共産党に入党した。フランス共産党は一九五〇年代初頭のこの時期、ソ連のスターリン路線にべったりだった。冷戦のまっただなかで政治的には孤立していたが、二五万の党員数を誇り、多数の工作員を国内各地に配置していた。モスクワ一辺倒のこの反社会勢力は彼ら独自のやり方で活動していた。二〇一六年のいまを生きる六〇歳以下の読者には想像できないかもしれないが。

フランス共産党は一九二〇年代から、外国籍の共産党員には、出身国の「言語グループ」ごとに分かれて所属するよう指示した。カンボジア語グループもフランス人の熟練した共産党闘士の監督のもと、自国の課題を討議することを許されたが、そこにいささかでも「民族主義的逸脱」をさしはさむことは御法度だった。

ようするに、彼らはつねに監視下に置かれていた。同時に、カンボジア人で新しくグループにくわわった者には基礎的な政治教育がほどこされた。マルクスやレーニンの著作の精読である。スターリンについてももちろん、とくに、植民地における民族主義運動にかんする論考を学習した。率直にいって、「国民の父」スターリンの言動が絶対である以上、スターリンのすべてが基準となった。ゆえに、サルとその同志が学んだのは、人々を逮捕し、強制収容所に送って大量に殺す共産主義であった。だからこそ無線技術の学生であったサルは、一九五〇年代のソルボンヌで徳高き革命家のモデルとして神格化されていたロベスピエールを崇敬してやまなかった。

おお、ロベスピエールとは、なんと信念と確信に満ちた男だったか。彼は御託をならべずに、人を断頭台に送りこむ「清廉の士」だった。ただ一つの過ちは、じつは非常に大事なことだが、きっぱりと決断をつけられないことだった。それが彼の命とりになった。ここから得られるもっとも重要な教訓は、カンボジアに帰ったら、決して同じ過ちを犯さないことだ！

カンボジアに帰国して

パリのカンボジア人マルクス主義学生サークルのなかで、サルは彼独特のやり方で、つまりひそかに、ほほえみながらいつのまにかその影響力を増していった。大口をたたくわけでもなく、口数は少なかったが、すべてを記憶にとどめ、心の内を見せないすべに長けていた。フランスで政治教育を終了したサルは、一九五三年、希望に胸をふくらませてカンボジアに帰国した。

当時、フランスとのインドシナ戦争は激化の一途をたどっていたが、なんといってもベトナムが最前線だった。ベトナム共産党はベトナム独立同盟会、通称ベトミンの民族統一戦線を表看板にしていたが、さして正体を隠そうともしていなかった。同盟するカンボジアのカンプチア人民革命党は、まだマルクス＝レーニン主義を標榜する党としての体勢が整わないなか、ベトミンは勝手に後見人として介入してきた。ベトナム人が「兄貴風」を吹かして、高圧的に見えすいたやり方で指導してくるのは、ほんとうにいまいましい！　だが、フランス人をあんなにうまく手玉にとるベトナム人に、どうやって抵抗できようか? 人生、すべては力関係なのだ。屈辱に耐えてでも、いまは彼らに頭を下げるしかない。そのかわり、いつか一泡吹かせてやろう。

一九五三年八月、帰国したサルはベトミンの東部地域司令部に合流した。ここで、以前プノンペンで共産党中央委員会議長だったケオ・メアスと再会した。まさしく、四半世紀後に親ベトナム派とみなされ粛清されるあのケオ・メアスである。彼はサルとほぼ同い年で、すでに四年間の地下潜伏のあいだに軍事面での経験を積んでいた。留学帰りのサルは「自由カンボジアの声」というプロパガンダ・ラジオ放送を統括するケオ・メアスを補佐することになった。

自由カンボジアとは、たんなる言葉のあやである。第一次インドシナ戦争は一九五四年、ディエンビエンフーの戦いでベトミンが勝利して終結した。ベトナムの同志たちは北ベトナムのハノイに共産主義国家を樹立し、西側諸国はサイゴンのある南ベトナムを支援した。その一方、カンボジアの共産主義勢力は、少人数なうえに派閥に分かれて競合し、シハヌーク国王体制のもとで身をひそめる存在となっていた。

まさしくサルも、表向きはプノンペンの私立学校で教鞭をとるフランス文学史の教師でありながら、二重生活を送っていた。社交的な昼の顔と秘密に包まれた夜の顔。公衆の面前で見せるあけっぴろげな姿の一方で、人目につかない隠密行動も自在にこなす。もうこれで、勝利はなかば約束されたようなものだった。

この二重生活を、共産主義勢力の幹部サルは一九六三年三月末まで続けたが、逮捕される脅威を感じ、南ベトナム解放民族戦線（ＦＮＬ）の支配する郡部の基地に戻った。ＦＮＬはベトミンを引き継いでサイゴンの南ベトナム政府と戦っていた勢力である。

サル、別名プークは、カンプチア人民革命党内で少しずつ地位を上げ、上級幹部にまでなっていた。人民革命党は事実上共産党となりオンカーの母体となっていく。幹部として一九六五年、彼にとってはじめての中国訪問が実現した。この年から中国は文化大革命につき進み、その後一〇年にわたる大混乱を経験した。

長期にわたって戦闘状態が続いたこの時期に、ポル・ポトのその後の人生がほぼ決定された。周囲から孤立し、党勢も不安定ななかで、クメール・ルージュはマルクス＝レーニン主義を基盤としたイデオロギーを形成した。その特色は、カンボジア全国民の魂の真髄は、農民層のなかにだけ存在すると、農民を称賛するところにあった。なかでも辺境地帯に住む少数民族のクメール・ルーをたたえたのは、ポル・ポトたちがはじめて地下にもぐった頃、かくまってもらったからだ。そのため、のちの大虐殺時代にも、ルー族はほとんど迫害の対象とはならずにすんだ。

戦いはエスカレートした。ベトナム戦争は一九六〇年代末期からはインドシナ地域全体に拡大する。詳しいことははぶく。わたしたちはゲリラ時代のクメール・ルージュについてほとんどなにも知らないし、南ベトナム解放民族戦線とクメール・ルージュがどのような関係にあったのかは尚更わからないのだから。その解放戦線はいまや、激しい戦闘のあいだに力をすり減らし、ベトナム共産党の隠れ蓑のような存在になりはてていた。この民主主義的なお飾りにすぎない解放戦線の背後で、ハノイの北ベトナム軍各師団は反米の戦いのほぼすべてをとりしきっていた。

アメリカはリチャード・ニクソン大統領が地上軍勢力を撤退させたものの、米軍の空爆は続き、「オウムのくちばし」とよばれたベトナム＝カンボジアの国境地域を集中爆撃した。カンボジアではロン・ノルが一九七〇年にノロドム・シハヌークをクーデターで倒した［アメリカの支援を受け親米政権を樹立］。しかし北ベトナム軍とクメール・ルージュは、難なくロン・ノル将軍の軍隊を打ち破り、一九七五年四月一七日、オンカー隊員がプノンペンに侵入した。それ以来、カンボジア人民の犠牲者が一気に増えることとなった。

黒いパジャマ風の農民服上下に、クロマーとよばれる伝統的なチェック柄の手ぬぐいを首に巻いたクメール・ルージュの戦闘員がやってきて、首都を制圧した。手に自動小銃をもち、あるいは肩にロケット弾発射筒をかついだ彼らは口数少なく乱暴に動きまわった。彼らはいなか出の年端もいかない若者たちで、たたきこまれたプロパガンダを盲信し、都会の人々のことをなにも知らず、ただただ裏切り者と思っていた。彼らの上官には、もとは都市部の住民だった人も多かったが、長期間ゲリラとして潜伏しているあいだに都会とのつながりは断たれ、都会への嫌悪感だけが増していた。

ゆえに、以前はプークを偽名としたが、いまやポル・ポトを名のるようになっていたサロト・サルは、オンカー首脳とともにジャングルで秘密の会合を開き、クメール民族を生かされる者と消される者の二グループに分けることを決定していた。

一方は、プラチアチョン・チャー、あるいは「旧人民」、「基幹人民」、またはたんに「七〇」とよばれ、一九七〇年からクメール・ルージュの厳しい監督下に置かれている人たち。さしあたって、「七〇」には手ひどい仕打ちはくわえられなかった。

「階級の憎悪」の対象にされて

もう一方の「七五」の人たちに対する扱いはまったく違った。数字にこだわるのはアジアの特徴だが、「七五」はプラチアチョン・ツメイ、「新人民」とよばれた。農民であれ都市住民であれ、一九七五年まで「資本主義」地帯の住民だった人たちで、そのため資本主義に毒されていると考えられた。当然、その罪は重く、男も女も子どももまとめて罪人とみなされた。そして彼らに「階級の憎悪」が向けられることとなった。

黒装束の男たちはオンカー幹部があらかじめ決定した計画を淡々と実行した。プノンペンのほとんどすべての住民は武力でおどされて首都を脱出した。急げ、急げ、もっと急げ！　大荷物をもっていく必要はない。すぐに自宅に戻れるだろうから。クメール・ルージュに好意的な西側ジャーナリストたちは、首都の人々を身の危険から守るためにいなかに移送する、という新政権の説明を、卵をのみこむように鵜のみにした。しかしいったい、なにから、だれから守るのか、いまひとつわからない。だがともかく、信用してみようではないか。

卵の話が出たが、カンボジアでは卵が不足するようになった。それにコメも。クメール・ルージュの進めた性急な絶対的農業集団化のため大規模な食糧不足が発生した。予想どおり、強く打撃を受けたのは新人民で、彼らはほとんど食料を受けとれないほど追いつめられた。なんと「七五」の人たちは一日に成人一人あたり最大二〇〇グラムのコメしかあたえられず、死んでいったのだ、必要量は四〇〇グラムだというのに。ポル・ポトは、彼らをもっとも苦しませるにはどのやり方がいちばんいいか、自問した。餓死がいいか、うなじに一発みまうのは？ それとももっと単純にシャベルの先か棍棒で一撃するか。そのほうが弾薬をむだにしなくてすむし、シャベルや棍棒は音を立てないから、いいことづくめだ。まだぬくもりの残る死体から衣服をはぎとるのは、ゲリラで戦っていた頃の習慣だったが、権力についたいまではそこまですることもなかった。でも、かまうものか。

ともかく死んでもらう。それが教授であろうと、教師であろうと、医師、弁護士、そしてもちろん旧政府の役人や軍人であろうと、死んでもらう。ちっぽけな商売人でも、死んでもらう。ベトナム人はまっさきに抹殺の対象となり、次が中国人だった。カトリック教徒はカンボジアでは少数派だったが、そのほぼ五〇パーセントが殺された。イスラムの少数民族チャム族も殺され、殺されないためには豚を飼って食べることを強制された。それでも二人に一人は殺戮された。しかし「死」という言葉はタブーになった。これはどの全体主義体制でも行なわれたことだが、直截な表現は避けられ、遠まわしな言葉に言い換えられた。たとえば「オンカー・ルー」は「上部組織」、バット・クルオンは「消えた身体」のように。それでもなお、新政権におもねる西側ジャーナリストは、血なまぐさいクメール・ルージュをあくまでバラ色のめがねで見ようとしていた。彼らが「進歩的な改革者」だとの思いこみが、現実を直視できなくしたのではないか…

ベトナムの侵攻がジェノサイドを終わらせた

メリー・クリスマス、ブラザー・ナンバー・ワン。じつのところ、あまりめでたくもなかったのだ。一九七八年一二月二五日、きげんよく目覚めたポル・ポトは、かすかに胸騒ぎをおぼえていた。そこへ息せききって駆けこんできた密使が震える手で紙きれを差し出した。密使はあきらかにおじけづいていた。オンカーの最高責任者の気分を害するのではないか、悪い知らせをとどける自分に対して、かくも予測不能な共産党クメール・ルージュからどんな仕打ちが待っているのか。だが、ポル・ポトからはなんの怒りもリアクションも返ってこなかった。ただ、青ざめた顔で、一人にしてくれるように身ぶりでうながすと、がっくりと椅子に腰を下ろした。

そのメッセージは「ベトナム人がわが国を侵略。彼らは大挙してやってくる」という大づかみの内容だったが、正確そのものだった。（一九七五年にサイゴンから改名していた）ホーチミン市のベトナム軍が、クメール・ルージュの掃討作戦にのりだしたのだった。身の破滅がせまっている！　朝に感じた虫の知らせは現実となった。いつもどおりの日常の裏で、運命の歯車が狂いはじめた。

かくして、ベトナム人は実力行使に出た。虐殺に対する人道的介入というわけではなく、あくまで国益に沿った行動だった。それでも、ベトナム軍のローラー作戦がジェノサイドを終結させたことは功績といえよう。残念ながら暴力の応酬はその後も長く続いたことはいうまでもなく、ベトナム軍の猛攻を迎え撃つクメール・ルージュはゲリラとなって抗戦することになる。

一九七九年一月九日、ベトナム軍がプノンペンに侵攻したとき、S-21はパニックにおちいった。看守たちはすべてを投げ出して逃げてしまった。（今日、刑務所の建物はそのまま虐殺博物館になっている。）すぐに首都プノンペンに残党をよせ集めて新政府が設立され、クメール・ルージュに在籍していたが「心を入れ替えた」ヘン・サムリンが一九九一年まで首相をつとめた。

クメール・ルージュは内部分裂が決定的になった。一方はすべてをもってベトナム陣営へ合流したグループ、他方はふたたびゲリラとなり、タイ当局の厚意にすがることを期待してタイ国境地帯まで移動したポル・ポトに追従したグループである。だがいくら牙をむいてみても、侵略者ベトナムの軍事力のほうがやはり上であることは認めざるをえない。中国では、毛沢東のスパイ頭だった康生がはじめたクメール・ルージュ支援路線は、鄧小平が最高指導者となってからも踏襲された。その間ソ連は、終始ベトナムを強力に支援していた。

この状況下でも、以前ほどではなかったにしても粛清は続けられた。一九九七年六月、ポル・ポト、別名「九九」は、遠い昔パリのカンボジア人マルクス主義学生サークルでともに学び、クメール・ルージュでは国防相をつとめたソン・センを処刑させた。一人の処刑にはその家族までまきぞえにする従来のやり方をきっちり守り、彼の家族は孫までふくめて全員、殺害された。

だが、力関係がついに逆転し、今度はポル・ポトが粛清の恐怖を感じるときが到来した。タ・モクは、ブラザー・ナンバー・ワンがこの事件の後、だれひとりとして反目を許すまいことを確信し、軍事クーデターという賭けに出た。このときヌオン・チアは、依然ポル・ポト側につき、この反乱には与しなかったが、翌年からはクメール・ルージュの親ベトナム派のフン・セン陣営にくわわることになる。

この強攻策は意外にも成功し、ポル・ポト、その妻と一二歳になる娘（一九八五年生まれの独裁者はその晩年にようやく家庭の幸せを得たのだった）は指定された住居で軟禁状態に置かれた。七月に開かれた「人民裁判」は、それまでに開催された数多くの人民裁判と同様に、人民などいっさい関与しない裁判であったが、そこでポル・ポトに終身刑が言い渡された。実際には、クメール・ルージュのかぎられた資力の範囲とはいえ、あてがわれた小さな邸宅での申し分ない獄中生活だった。とはいえ、しめつけは厳しく、またかなり以前から、西側諸国のクメール・ルージュのシンパもなりをひそめていた。

一九九八年四月一五日、パリの留学生を皮切りにジェノサイドの首謀者にまで登りつめたポル・ポトは生涯を終えた。政府軍の襲来にそなえ、タイへの逃亡をくわだてて他人に変装した支度のままで、寝ているまに、といわれるが、ほんとうのところはわからない。彼は法廷で裁かれる運命をまぬがれた。彼を断罪できるのは歴史のみということになる。一〇〇万、いや一五〇〇万にのぼる犠牲者の魂は宙に浮かんだままになる。もっとも、どこまでもつつしみ深い同志ポル・

ポトは、六〇万にすぎないと主張するのだが…

レミ・コフェール

参考文献

BIZOT François, *Le Portail*, Paris, La Table ronde, 2000.（フランソワ・ビゾ『カンボジア運命の門——「虐殺と惨劇」からの生還』、中原毅志訳、講談社、二〇〇二年）

COURTOIS Stéphane et WERTH Nicolas (sous la direction de), *Le Livre noir du communisme, crimes, terreur, répression*, Paris, Robert Laffont, 1997.（ステファヌ・クルトワ／ニコラ・ヴェルト編『共産主義黒書』、高橋武智訳、筑摩書房、二〇一七年）

FALIGOT Roger et KAUFFER Rémi, *Kang Sheng, le maître espion de Mao*, Paris, Perrin, coll. «Tempus», 2014.

KIERNAN Ben, *Le Génocide au Cambodge*, Paris, Gallimard,1998.

SHORT Philip, *Pol Pot, anatomie d'un cauchemar*, Paris, Denoël, 2007.（フィリップ・ショート『ポル・ポト——ある悪夢の歴史』、山形浩生訳、白水社、二〇〇八年）

SOMANOS Sar, *Apocalypse khmère*, Paris, Jean Picollec, 2003.

SUONG Sikœun, *Itinéraire d'un intellectuel khmer rouge*, Paris, éditions du Cerf, 2013.

18 チャールズ・マンソン
悪魔と化したヒッピー
（一九三四―二〇一七）

事件から四七年をへたいまなお、マンソンの名前はハリウッドを震撼させる。この戦慄は永遠に続くだろう。目をぎらつかせ長髪で、身のまわりを自分の作り上げた不吉なファミリーで固めたこのグールーこそ、ロマン・ポランスキー監督の妻だった女優のシャロン・テートとその他何人かを殺害させた男である。この事件は「フラワー・パワー」［一九六〇年代後半、ヒッピーが反体制、非暴力のメッセージを、花を髪につけたり配ったりして伝えた運動］で盛り上がりを見せたアメリカのヒッピーのカウンターカルチャーの凋落に拍車をかけることとなった。だがこの事件には多くの闇が存在する。［この章が執筆されたのは二〇一六年であり、翌年、マンソンは獄中で死亡した］

一九六九年八月九日、朝八時をわずかにすぎた頃、ロサンゼルス警察が受けた電話の主はパニックにおちいっていた。必死に訴える女の声は震えていてよく聞きとれない。ショックのあまり、言葉が出てこない。ようやく荒い息とともにしぼり出したのは、「殺し、死体、死、血」という四つのおそろしい言葉だった。声の主、ウィニフレッド・チャップマンは青空の広がるカリフォルニアはビヴァリーヒルズのいくつかの豪邸で家政婦をしていた。ベネディクト・キャニオンのシエロ・ドライブ一〇〇五〇番地の邸宅も受けもちだった。その日、彼女が発見した凄惨な現場は、終生彼女の脳裏を去らず、殺戮の悪夢が一生つきまとった。まずこの邸宅の警備員、ウィリアム・ギャレットソンの友人のスティーヴン・ペアレント（一八歳）の死体が駐車場に止めてあった車中から見つかった。身体中に銃弾が浴びせられていた。が、これは悪夢のほんのはじまりでしかなかった。庭では、コーヒーの有名ブランドのオーナー、フォルジャー家の跡取り娘のアビゲイル・フォルジャーの遺体が見つかった。着ていた白い服は真っ赤に染まっていた。遺体はナイフで一〇個所ほども切り裂かれていた。そこから数メートル離れたポーチにできた血だまりに、彼女のフィアンセのヴォイテック・フライコウスキーの遺骸がくずおれていた。頭蓋骨は棒で一三回たたき割られ、体には五一もの刺し傷があった。家のなかではサロンでジェイ・セブリングが死んでいた。ハリウッドのセレブ御用達のヘア・スタイリストである。首に巻きつけられたひもは、別の女性の遺体につながっていた。妊娠八か月で、ビキニをつけていたその遺体の両足は腹のほうに折り曲げられ、皮膚は残酷に切りきざまれていた。この被害者が、女優シャロン・テートだった。彼女が出演した、夫のロマン・ポランスキー監督の映画『吸血鬼』が一九六七年に公開されると、その名は一躍有名になっていた。玄関のドアには犯人が彼女の血で書いた「ＰＩＧ」（〝豚〟）の文字が残されていた。

翌日、同じ地区のウェイバリー・ドライブでふたたび殺人事件が起こった。スーパーマーケット・チェーンの経営者リノ・ラビアンカと、その妻ローズマリーがナイフで無残に刺し殺されたのだ。リノの胃のあたりにはフォークがつき立てられ、腹部には「ＷＡＲ」（〝戦争〟）の字がきざまれていた。さらに奇怪なことに、冷蔵庫のドアに、犠牲者の血を使って「Healter Skelter」の文字がなぐり書きされていた。ただし、綴りをまちがえてａの字だけ余分だったが。「Helter Skelter」とは、ビートルズが一九六八年に出した『ホワイト・アルバム』のなかの楽曲のタイトルで、〝大いなるカオス〟を意味する。壁には「Rise《〝起きろ〟》」と「Death to pigs《〝豚どもに死を〟》」の言葉が残されていた。二つの事件はたちまち新聞の一面を飾った。犠牲者のなかでもいちばん有名なシャロン・テートについて、根も葉もない噂がたれ流された。腹を引き裂かれて胎内の赤ちゃんがひきずり出された、などと。このようなさいなまれた肉体のイメージは、事件から半世紀たったいまでも根強く残っている。殺害の前年に封切られたポランスキーの映画『ローズマリーの赤ちゃん』の悪魔とのかかわりが連想されているかもしれない。じつのところは、シャロン・テートの胎児は監察医の手で母親の胎内からとりあげられた。小さなリチャード・ポランスキーは洗礼を授けられてから、母親の腕に抱かれて埋葬されたのだった。

平和と愛の詐欺師

ハリウッド・スターたちのあいだには、自分たちも襲われるという強迫観念が広がった。LAPD（ロサンゼルス市警察）はすみやかに捜査を開始した。当初は現場に残された「PIG」の文字から人種的な犯罪が疑われた。当時アフリカ系アメリカ人の急進的社会運動、ブラックパンサーは、警官隊たちをPIGとよんでいたからだ。だが、八週間後に別のところからようやく犯行の手がかりが見つかった。シエロ・ドライブの凶行の数日前に、ボビー・ボーソレイユという男が起こしたミュージシャン、ゲイリー・ヒンマンの殺害事件と関連があるとの見方が浮上した。殺人犯が壁に「POLITIC PIGGY」の走り書きを残していたからだ。しかし、ボーソレイユはすでに八月六日から拘束されているから、テート＝ラビアンカ殺人事件を犯せるはずもなく、しかも彼はブラックパンサーとは無関係だった。ただし、ボーソレイユはマンソン・ファミリーとして知られたヒッピーグループのメンバーだった。一九六八年にできたこのグループを率いるのは、グールーの異名をとるチャールズ・マンソン、他人の精神を自由にあやつれる男との評判をとっていた。「フラワー・パワー」（非暴力）の信奉者と称するこのグループのメンバーに、スーザン・アトキンスという女性がいた。ボビー・ボーソレイユの恋人は、アトキンスもゲイリー・ヒンマン殺しに関与している、と証言した。逮捕、そして拘置されたアトキンスは、大方の予想をくつがえしてあっさりシャロン・テートの殺害を自供した。そして、シエロ・ドライブとウェイバリー・ドライブの殺害は単独の犯行ではないと、共犯者の名前を明かした。テックス・ワトソン、レズリー・ヴァン・ホーテンとパトリシア・クレンウィンクルである。そして、この殺害の責任者は、彼らの思想的指導者チャールズ・マンソンである、と供述した。

事件を担当した検事のヴィンセント・バグリオーシは、殺害動機は二つあると考えた。音楽業界で一旗揚げようとつねにチャンスを狙っていたマンソンは、ファースト・アルバムの録音にまでこぎつけるかに見えたが、プロデューサーのテリー・メルチャーにあっさり拒絶された。それを根にもったマンソンが、メルチャーの住所を調べ、シエロ・ドライブ一〇〇五〇番地に住んでいることをつきとめて、復讐におよんだものと考えられる。だが、動機はほかにもある。バグリオーシは、マンソンがこの犯行に、反体制や人種的なメッセージを盛りこみ、黒人社会にその責任を負わせようとしたのではないかと考えた。検事はジャーナリストに明言した。「マンソンは白人が黒人に敵対することになると予言している。なぜなら、これらの殺人「テート＝ラビアンカ殺人事件」を犯したのは黒人だと白人は考えるからだ。やがて白人と黒人の市街戦が起こる。この戦いは黒人の勝利に終わるが、黒人には経験がないため世界を統治することはできない。そこで黒人たちは、『ヘルター・スケルター』とよばれるこの反乱《〝大いなるカオス〟》を生き延びた白人たちに助けを求めに来る、とマンソンは予言しているのだ」。この「Helter Skelter」こそ、ラビアンカ邸の壁に綴りをまちがえて書きのこされた言葉だった。マンソンとそのファミリーが生き延びた白人たちのなかにふくまれることは、いうまでもない。

警察は結局一九六九年八月一六日から一〇月一二日までのあいだに主だった容疑者を逮捕し

た。裁判に対するマスコミの報道は過熱し、一部コメンテーターが「世界をまきこんだソープオペラ」と揶揄するなかで、一九七一年一月二五日に判決が下り、チャールズ・マンソン、スーザン・アトキンス、クレンウィンクルとレズリー・ヴァン・ホーテンに死刑が言い渡された。テキサスに逃亡中だったワトソンもカリフォルニアに送還され、七一年一〇月二一日に同じく極刑の判決がくだった。一九七二年にカリフォルニア州では死刑制度が廃止され、彼らは終身刑に減刑となって、裁判は終了した。

スケープゴートの影

事件から四五年以上たつ今日まで、チャールズ・マンソンは、サタンの化身、悪魔の権化、当代随一の極悪犯罪人とみられてきた。コカインやＬＳＤの使用によって、神経がズタズタにされたみじめな連中を、マインドコントロールしたのだから。一九六〇年代末期にアメリカのヒッピーのカウンターカルチャーが破滅に向かって迷走する過程を彼一人で体現した。この時代、ベトナム戦争の泥沼化を背景に、消費者運動、環境問題や平和運動といった活動が行き場を失って、暴走する肉体と、薬物の白い粉末で幻覚におちいった精神とがもつれあう破廉恥な騒ぎをくりひろげるまでに堕落していった。世間と切り離され、反体制を唱えるばかりの活動はいきづまった。大統領のリチャード・ニクソンにとって、マンソン・ファミリーの裁判は渡りに船のタイミングだった。マーティン・ルーサー・キング牧師の暗殺が依然暗い影を落とすアメリカで、ヒッピーが人種間の緊張をあおっている張本人だと分析し、ヒッピーの非暴力主義など嘘っぱちだと看破したニクソンは、この花柄シャツの狂信者集団の騒動にけりをつけ、緊迫した社会と政治の状況を鎮めようとした。マンソン事件の判決がまだ下る前から、ニクソンは報道陣に「この男が、直接手をくだそうがくだすまいが、八件の殺人を犯した」と明言した。裁判権に対する明白な越権行為だったが、たいして問題にならなかった。すでにこの魔術師と弟子たちの裁判は、三面記事のレベルを大きく超えて、国家をゆるがす問題になっていたからだ。

テート＝ラビアンカ殺人事件の動機について、連邦捜査局はほとんど解明できずにいた。じつは、FBIの未整理資料のなかに、事件の真相が眠っていて、それを調べれば、チャールズ・マンソンの役割が、世間が思っていたのとは違うことがわかったはずだ。もちろん、この男、髪はもじゃもじゃで目は血走り、なかばキリスト、なかば悪魔のような風体で、どう見ても怪しい人間だった。無法者の霊媒師でその経歴は支離滅裂だった。だが、彼に血ぬられたイメージが着せられたことで、夢を売るハリウッドの美しいイメージは傷つかず保たれた、ともいえまいか。その証拠に、バグリオーシ検事はシャロン・テートとその友人たちが殺された翌日、シエロ・ドライブ一〇〇五〇番地で大量のドラッグが発見された事実を、明かさなかった。マンソンはおそらくスケープゴートにされたのだ…

私生児の心のうずき

この謎だらけの人間が悪い業のもとに生まれたことは確かだ。「チューズデイズ・チャイルド」紙は一九七〇年二月九日号で、マンソンを皮肉をこめて「今年の男」に選んでいる。母親のエイダ・キャスリーン・マドックスは、一七歳のときシンシナティでチャールズを産んだ。一九三四年一一月一一日のことである。この日付けも確かではない。母親が、息子を産んだ日付けを覚えていないというからだ。父親がだれかもわからなかった。敬虔なプロテスタントの家庭で厳格に育てられたエイダは、神の教えをはずれ、堕ちるところまで堕ちていった。両親のもとから家出して、一人前の大人にもなりきれず、生まれた赤んぼうの育て方も知らなかった。その後ウィリアム・マンソンという男と短い結婚生活を送ったときに、子どもにようやく苗字がつけられた。だが、酒びたりの未婚の母は、たびたびわが子を放り出すので、近所の人が見るに見かねて世話を焼くのだった。エイダはビール一杯とひきかえに息子を他人にくれてやろうとしたことさえあった。

小さいチャーリーは私生児の上、母親に見すてられた身の上をじっと耐えていた。それは消せないトラウマとなってずっとついてまわった。「父なし子だったから、生まれたときからアウトローさ。売春宿や少年院で育ててもらったようなものだ」、一九八五年、アメリカのジャーナリスト、チャーリー・ローズにそう告白している。育児放棄の母がガソリンスタンドを襲って懲役五年の刑で刑務所に入れられると、チャーリーは伯母に預けられた。そこで伯父のファーガソンから受けた屈辱を忘れることができなかった。「本物の男になれるよう鍛えるため」と称して、むりやり、女の子の服装で学校へ行かされたのだ。友だちからさんざん物笑いの種にされて、チャーリーは自分の殻に閉じこもって自衛するしかなかった。クリスマスになるとプレゼントをたくさんもらう友だちがうらやましかった。彼は一度ももらったことがなかったからだ。そこで、友だちのおもちゃを盗んで燃やしてしまった。こうして早くも七歳にして、保安官から直々にネジを巻かれる始末だった。刑期を終えて刑務所から出た母親が、しばらくは息子といっしょに暮らして世話をしようとしたが、不安定で放蕩な生活では思春期の息子とうまくいくはずもなかった。それからは、チャーリーはいくつもの施設を転々とするようになった。ギボルト少年救護院［インディアナ州にあるカトリック系の少年矯正施設］、少年の町［ネブラスカ州にあるカトリック系の少年矯正施設］などへ送られては、じきに脱走してしまうのだった。「俺は乳児院育ち。薄暗い路地をねぐらにしていた浮浪児。そして、つかまっては、またひとりぼっち、そのくりかえしさ」、一九七〇年、彼はジャーナリストのスティーヴ・アレグザンダーにこう語っている。だれにも頼らず生きるために、はじめて盗みを働いて逮捕され、ふたたび矯正施設をたらいまわしにされ、そこでたびたび虐待を受けたという。一九四八年には、インディアナ州プレインフィールドのインディアナ少年院で、激しい集団暴行を受けた。思春期の頃は必然的に、愛情面と精神面で受けた心の傷のはけ口をたえず求めた。彼の場合はそれが強迫観念をともなった衝動的な性行動として現われ、一七歳の時仲間の一人を強姦する。被害者が加害者に変わった瞬間だった。攻撃的な彼は、他人との「正常な」関係をどうやって結んだらよいのかわからず、つねに他人の精神も肉体も支配することしか頭になかった。彼をとりまく人たちをつねに支配下に置くためだけに。

マフィアのネットワークの世話になる

一九五〇年代初頭、国立少年院に精神科医として勤務したブロック博士は「極端に繊細で、いまだに世間から愛情をそそがれたいと望んでいる少年」と記述した。愛に飢えた少年は、一九六八年、マンソン・ファミリーにくわわった少女たちと交流するまで愛にひたることがなかった。それまでの長いあいだ、マンソンは壁のはげ落ちた薄暗い独房でほとんどの時間をすごした。罪状はおもに自動車窃盗とポン引きだった。一九五二年にピーターズバーグの少年救護院で、「やくざの総理」のあだ名をもつフランク・コステロという人物と親しくなり、マフィアとの接点ができた。一九五九年四月二八日、テキサス州ラレドで、未成年者誘拐の罪で起訴され、懲役一〇年の刑で服役した。長い刑期のあいだに、マンソンはサイエントロジー［アメリカで二〇世紀なかばに興った新興宗教。自己啓発によって人間の精神性を高めることを主張する］や催眠術に興味をもち、またその後の人生に決定的な影響をあたえる人たちとも出会っている。そのなかに、一九六一年に出会ったアルヴィン・カーピスがいた。その皮肉っぽい薄笑いからクリーピー・カーピスとよばれていた。かの有名なマー・ケイト・バーカーのギャング集団のメンバーだった。［マーは「かあちゃん」の意味で、ケイトは四人の息子をみなギャングに育て上げた。やがてカーピスがくわわって、彼らはバーカー＝カーピス・ギャング団としておそれられた」

カーピスは最初にマンソンにギターを教えた人物で、そこからマンソンは音楽への情熱に目覚めた。もう二七歳になっていたけれども、マンソンにはあきらかに音楽の才能があった。アルヴィン・カーピスとフランキー・カーボは、芸能界と深いつながりのあるマフィアのジェノベーゼ一家にマンソンを紹介した。ロサンゼルスのターミナル・アイランド刑務所に麻薬密売の罪で服役中だった悪徳マネージャー、フィル・カウフマンという男が、獄中からマンソンの売りこみを買って出た（カウフマンはその数年後に、ローリング・ストーンズやジョー・コッカーのマネージャーとして芸能界に返り咲いている）。マンソンの才能を認めたカウフマンは、ＭＣＡユニバーサル・スタジオのゲイリー・ストロンバーグにマンソンを推薦した。マンソンは有頂天だった。だが、一九六七年にいざ出所を目前にすると、急におじけづいた。三三歳になるまで人生の半分以上を矯正施設や刑務所ですごしてきた。彼にとって牢獄が身の丈であり、無限に広がる外界から身を守る繭のような場所だったのである。まったく逆説的に聞こえるが、監禁状態のなかで彼はあらゆる制約から解き放たれ、自分自身の創り出した空想の世界を完成させた。そして、本人も認めるところだが、「シャバはどうやってまわるのか」は、もはや理解できなくなっていた。

風変わりなファミリー

刑務所から出たマンソンは、ヒッピーというカウンターカルチャーの聖地となったサンフランシスコのヘイト・アシュベリー地区で、人生を再出発させた。彼はここで営まれる共同生活の価値観と奔放な性関係を発見し、水を得た魚さながらとなった。ニューエル・エモンズの『悪魔の告白』によれば、チャーリーが「生まれ変わって」第二の人生の入口に立ったのは、グレイトフル・デッドのコンサートではじめてアシッド［LSDの俗称］を服用したときだという。「アシッドと音楽を手に入れ、さまざまな束縛から解放されたら、新しい世界が開けた。まるでもう一度生まれたようだった。とうとうダンスの最中に、地面にぶっ倒れた」。夜は歌に踊りに熱中し、バスや公園や教会の玄関前で寝る、あてどないさすらいのなかで、たくさんの道をふみはずした少女たちに出会った。ちょうど自堕落だった母親を見るようだった。マンソンは少女たちを理屈ぬきに支配した。のちに「チャーリーの少女たち」とよばれるようになった女性たちは、異口同音にマンソンの信じられないほどのカリスマ性、魅惑的な声、人を釘づけにする視線や感性をたたえ、そしてやっかいなことにじつに手が早かったとつけくわえた。その上ギターの音色に心を奪われた。チャーリーは少女たちに幻覚剤をあたえてサイケデリック体験の場にひきずりこみ、彼女たちには依存症状が現われるようになった。とくに、ほとんどが二〇歳以下で世慣れていない少女たちを洗脳し、マジックマッシュルームで陶酔をあおりながら、父親がわりにもなり、あくなき恋人にもなるという異常な関係を結んだ。師と仰ぐ彼に身も心も捧げた少女たちは情緒不安定で、なかにはあらゆる禁止行為に挑んで悪さのかぎりをつくすのをいとわぬ者もいた。

マンソンは、ヘイト地区に満ちている「ピース&ラブ」のムードが、幻想でしかないことにすぐに気づいた。麻薬の密売は血みどろの暴力ざたに発展し、ヒッピーの伝説的な「戦争でなくセックスをしよう」のスローガンも色あせてきた。「サマー・オヴ・ラブ」［一九六七年夏にヘイト・アシュベリー地区にヒッピーが一〇万人集まり、ヒッピーの主張をくりひろげた社会現象］の運動にくわわって身を滅ぼす者も大勢いた。

ここを出よう、出発だ、一九五〇年代にビートニク［一九五五年頃アメリカの文学界からはじまり、約一〇年間社会を席巻した活動。それまでの人生をすて放浪の旅に出て、制約のない自由な生き方を追求しようと主張した］のジャック・ケルアックがしたように。マンソンと、彼に惹かれて集まってきた人々が「ファミリー」を形成して、手に入れたフォルクスワーゲンのマイクロバスに「ブラック・マジック・バス」と命名して出発した。めざしたのはカリフォルニア南部。道中、マンソン・ファミリーに新たにくわわる男女もあり、グールーと生活をともにする人は三〇人ほどにふくらんだ。彼らの出入りは自由だった。道すがらの廃屋や、放棄された牧場の納屋で夜露をしのぎ、彼らはその日暮らしを続けた。少女たちは親の銀行口座から金を引き出したり、ときには体を売ったりして小銭を手に入れた。少年たちは自動車窃盗やドラッグ売買をした。ドラッグ取引は危険と隣りあわせなので、彼らはストレイト・サタン・モータークラブ［カリフォルニアの有名なオートバイ愛好家団体で、犯罪にからむこともあった］から護身用に武器を購入した。チャーリーはあちこちの酒場のステージに立った。食べ物はスーパーマーケットのゴミ箱をあさると、思いがけないほど手に入れることができた。

ファミリーのだれもが躊躇《ちゅうちょ》なくマンソンにすべてを捧げた。一九七〇年にローズ医師がマンソンと少女たちの性病を治療した際、ファミリーのメンバーがいかにグールーを狂信していたかを、「ジャーナル・オヴ・サイケデリック・ドラッグズ」誌に投稿している。「〝父親がわり〟というべき精神的な指導者［マンソン］（…）は、暴力のともなう罪を犯して逮捕されたことも、有罪判決を受けたこともない。この共同体の絶対的指導者は、外交的で説得力がある人物だ。（…）チャーリーは共同体の規範をイエスの言葉を用いて説明した。ときには自分のことを〝神〟とよんだり、〝神であり悪魔である〟と言ったりした。統合失調症の所見が強く疑われる。みずからを共同体のなかでの〝新しい女の創始者〟ともよんだ。（…）性的抑圧をすてさることで自分を解放しようとしていた…」

ハリウッド・スターたちのあいだで光る暗黒の太陽

サンフランシスコで、マンソンとファミリーは、ジーナという女と出会い、ロサンゼルスのトパンガ・キャニオンにある彼女の別荘でのパーティに誘われた。マンソンにとってこの上ない幸運だった。四〇代の彼女は悪魔崇拝にはまり、「ビューティフル・ピープル」、すなわちハリウッドのきらびやかな人間たちと交友していた。「らせん階段の家」と名づけられたこの別荘は、オカルトの祭儀（つまりは動物の生け贄《にえ》）とみだらな享楽の場となっていた。チャーリーはここでボビー・ボーソレイユと知りあう。元グラス・ルーツのギタリストだったボビーはすぐにファミリーに合流した。この別荘でマンソンは、ハリウッド・スターたちも、幻覚を起こすピルやその他怪しげなボンボンに姿を変えた大麻の虜となっている、と知って面白がった。彼は、セレブの仲間入りすることをひたすら夢見たのだろうか。ほんとうのところはわからない。

ともかく、マンソンはフィル・カウフマンから紹介してもらったプロデューサーのゲイリー・ストロンバーグと交渉して、チャンスを手に入れた。サイケデリック・フォークやロックの作曲にセンスを認めたストロンバーグから、「クロース・トゥ・ミー」や「デビル・マン」――マンソンにうってつけのタイトル！――などの楽曲の録音をはじめて許されたのだ。しかし、ロサンゼルスのMCAユニバーサルの幹部は慎重だった。初録音の完成度が低いこともともかく、マンソンの得体の知れない性格が災いして、アルバム化は見送られた。

一九六八年の春、チャーリーはビーチ・ボーイズのドラマー、デニス・ウィルソンと親しくなった。チャーリー・ファミリーのエラ・ジョー・ベイリーとパトリシア・クレンウィンクルの二人の少女がヒッチハイクでウィルソンの車に乗せてもらったのがきっかけだった。ウィルソンは美しい少女たちの誘惑に逆らえなかったわけだ。ウィルソンはチャーリーの性格に魅了され、音楽的才能にも惚れこんだ。ファミリーはしばらくウィルソン宅に逗留し、ウィルソンはチャーリーを、バーズのプロデューサー、テリー・メルチャーに紹介した。マンソンの資料を二五年間にわたって丹念に再調査し、その考察を出版したジャーナリスト、ニコラス・シュレックは、デニス・ウィルソンがチャーリーを高く評価し、熱心に彼を引き立てたと主張する。「チャーリーのことを、一九七〇年代を背負《しょ》って立つことになるミュージシャンだと皆に紹介した。ニール・ヤング、フランク・ザッパ、ママス・アンド・パパスなど、だれもがチャーリーを知っていた」。しかし、テリー・メルチャーはこの熱狂と距離を置いていた。一九六八年八月、オーディションのできもよくなかったため、以後マンソンの活動への協力を断わった。メルチャーもまた、マンソンと接触して不気味に感じたのだろうか。盲従する弟子たちを恐怖におとしいれてもてあそび、その恐怖こそが「すべての意識の源」であると講釈するほど異常な男を不気味に感じない方がおかしい。案の定、後日、デニス・ウィルソンにはおそろしい仕打ちが待っていた。マンソンがナイフを手に「俺がおまえを殺したらどうする?」とすごんできた。ビーチ・ボーイズのメンバーとして、度を超した行為をこれ以上見すごすことはできず、これまで目をかけてきたチャーリーとの関係はこれで終わりとなった。

口を閉ざして

シエロ・ドライブ一〇〇五〇番地の虐殺は、以前この家に住んでいたテリー・メルチャーへの復讐心の発露だろうか。ビートルズのファンだったチャーリーは、ビートルズの「ヘルター・スケルター」の歌詞から、黒人と白人の終末戦争をよびかけるメッセージを読み解くほど狂気に走ったのか。すくなくともバグリオーシ検事はそう主張した。はたして事実へのゆるぎない確信にもとづく発言か、それとも事実を歪曲したのだろうか。ニコラス・シュレックは断言する。「根も葉もない陰謀をでっち上げてカムフラージュし、ハリウッド・スターたちの享楽とセックスとドラッグ漬けの生活が世間の目にさらされないようにした」。テート＝ラビアンカ事件の被害者はほとんど全員がドラッグ取引とマフィアとのつながりをもっていた。シャロン・テートの元恋人でスターのヘア・スタイリストだったジェイ・セブリングは札付きのドラッグ密売人でもあり、彼の美容室は闇取引の場にもなったし、彼は「キャンディマン」とよばれていた。ヴォイテック・フライコウスキーは友人であるシャロン・テート、ロマン・ポランスキー夫妻邸に居候していたのだが、強い幻覚作用をもつ合成麻薬であるMDAの仲買人だった。チャールズ・マンソンはシャロン・テートとそのとりまき連中とは顔見知りだった。エルビス・プレスリー邸でドラッグ・パーティが開かれたときにデニス・ウィルソンを介してシャロン・テートと知りあっていたのだ。ほかにも、怪しげなパーティでマンソンと出会ったスターはたくさんいたようだ。一九七〇年代に行なわれた「ハリウッド・スター」誌の取材に、マンソンは複数の名前をあげている。プレスリー、ビーチ・ボーイズ、ナンシー・シナトラ、ジェーン・フォンダ、ユル・ブリンナー、ピーター・セラーズ、ピーター・フォークなどなど。だがつねに、だれであろうと殺してやりたいと思ったことはないし、テリー・メルチャーが引っ越してもうそこにいないことも知っていたのだから、メルチャーを殺そうとたくらんだわけがないと否定した。

実際のところは、シエロ・ドライブの事件はたんなるドラッグの窃盗に終わるはずが、最悪の事態に転じてしまった。一九六九年八月八日、虐殺の当日、マンソン・ファミリーのメンバー、テックス・ワトソンは、二万ドル相当のＬＳＤ、メスカリンとコークを購入しようとジェイ・セブリングに注文の電話を入れていた。品物を仕入れにシエロ・ドライブ一〇〇五〇番地に到着したワトソン一味は注文したドラッグの量が足りないことに気づいた。これに逆上したワトソンと少女たちには、セブリングやフライコウスキーにびた一文支払う気もなかったのは確かだが、強い破滅力をもつ興奮剤、メセドリンを服用していたから、暴発のスイッチが入った。その晩、不在のはずだったシャロン・テートは運悪く在宅していたので、彼女とその場に居あわせた全員が、薬物中毒のサイコパス集団から残忍な襲撃を受けたのである。翌日、ラビアンカ邸の住人も、麻薬取引の高い対価をはらうことになった。

犯行に立ち会わなかったマンソンは、自分が殺害を指示したことは断じてないと言い張った。主犯のスーザン・アトキンスは、検察の圧力に屈したのか、はじめはマンソンから指示があったと証言したのだが、後からあれは嘘だったと自白した。とはいえ、目的のためには手段を選ばないレズリー・ヴァン・ホーテン、スーザン・アトキンス、パトリシア・クレンウィンクルの三人がボビー・ボーソレイユの釈放を画策していたときに、これを知ったマンソンが、「好きなようにしろ」とだけ言ったらしい。ボーソレイユはゲイリー・ヒンマン殺害事件の犯人として拘束されていたが、犯行現場にＰＩＧのサインを残していた。似たような事件を起こして、二件ともブラックパンサーの犯行に見せかければ、ボーソレイユをとりもどせる、と三人は考えたのだ。他人の精神をたやすく操作できるグールーであれば、思いとどまらせることもできただろうに…。

結論としては、虐殺の動機としてもっとも蓋然性があるのは麻薬取引ということになろう。捜査中にロサンゼルス市警察はシエロ・ドライブ一〇〇五〇番地の邸宅でドラッグだけでなく、ハリウッド・スターたちが演じた大量のポルノフィルムも発見した。このフィルムはどこへ行ったのか、いまも行方不明だ。ここでもまた、ハリウッドのスターたちをメディアの追及から守るためにあらゆることが行なわれたのだ。

ＦＢＩも、失態と非難されかねない状況をうまく抜け出した。殺害のあった日、ＦＢＩの優秀な捜査員たちはジョエル・ロストーというドラッグのディーラーを尾行していた。マフィアとも関係がある男で、愛人はジェイ・セブリングの美容室で働いていた。ロストーは、セブリングがワトソンから入手を頼まれたＬＳＤを手渡す手はずになっていた。ＦＢＩはその夜に計画された凶行を防げたかもしれないのに、結果としてなにも手をうたなかった。バグリオーシが誘導尋問と、でっちあげの犯罪動機をもとに構築した論告求刑によって、ＦＢＩにとって不名誉な失態をおおい隠してくれたのだ。

人々はチャールズ・マンソンを黒い天使、判断力のない者を犯罪に向かわせた悪魔だと糾弾した。彼は実像以上に悪魔化されたのだろうか。一九六九年から彼はずっと牢獄につながれ、マフィアがよぶところの沈黙の掟を守った。彼のなかには闇があり、あいまいな態度をとりつづけた。厳重な警備体制をしくコーコラン刑務所ですごすマンソンには、毎日一〇通ほどの手紙が届きつづけた。牢につながれても、グールーとしてのマンソンは健在であり、そのことが、人々の不安をかきたてた。もし現代に「ブラック・マジック・バス」がふたたび走り出したら、よじ登ってでもついていく者たちが大勢いるだろう。セックス、ドラッグ、そしてロックンロールの三つがそろえば、いまでも犯罪の動機として人々を納得させることができる。ただ、この三つのセットではテート＝ラビアンカ殺人事件を説明しきれないことが明らかになったのに、だれもなんの教訓も学ばなかった。だれもが自分の利益を守ることにせいいっぱいで、真実に正面から向きあおうとしてこなかった。シエロ・ドライブとウェイバリー・ドライブの殺人事件がこれほど反響をよんだのは、ただただシャロン・テートというヒロインの存在と、司法、政治、メディア界からこの事件の首謀者に祭り上げられたマンソンへの呪詛ゆえである。二つの異なる社会がくしくも共有していた一つの絶望感を投影した殺人事件であった。一方には大型スクリーンで輝くハリウッドのスターたちが、日々の暮らしにあき足らず、つねにサイケデリックな経験の深みに溺れつづけるなかでの絶望。他方、いきづまったヒッピーたち、「フラワー・チルドレン」が理想を失って人工的な幻想のパラダイスに逃げこむなかでの絶望。どちらも、同じ死の舞踏にひきずりこまれていった。快楽に身をゆだね、身の破滅に向かって。

エリック・パンカス

参考文献

BUGLIOSI Vincent et GENTRY Curt, *Helter Skelter, the True Story of the Manson Murders,* New York, W.W. Norton and Company, 1974.

EMMONS Nuell (confessions recueillies par), *Manson in His Own Words,* New York, Grove Press, 1988.（チャールス・マンスン［述］／ニューエル・エモンズ『悪魔の告白――アメリカを震撼させた殺人者の全生涯』、越智道雄／樋口幸子訳、ジャプラン出版、一九九〇年）

GORIGHTLY Adam, *Charles Manson. Magie noire, manipulations mentales et mythologie de la Manson Family,* Rosières-en-Haye, Le camion noir, 2011.

MARYNICK Marlin, *Moi, Charles Manson. Enquête sur le tueur présumé de Sharon Tate-Polanski,* Oissel, Cogito éditions, 2011.

NOËL So. et LORENTZ Christophe, *Charles Manson. Le gourou du rock,* Rosières-en-Haye, Le camion noir, 2009.

SCHRECK Nikolas, *Le Dossier Manson. Mythe et réalité d'un chaman hors-la-loi,* Rosières-en-Haye, Le camion noir, 2011.

記録映画

Charles Manson Superstar, réal. Nikolas Schreck, 1989. *Charles Manson, la contre-enquête,* réal. Patrick Schmitt, 2015.

19 サッダーム・フセイン
現代のネブカドネザル

（一九三七―二〇〇六）

二〇年あまりにわたって、この独裁者は、古代メソポタミアの地に剛腕――拷問、処刑、収容、個人崇拝――をもって君臨した。警官とバアス党員を使ってあらゆる手段でイラクを組織的に私物化し、しかも長いあいだ、西側世界から了解されていた。この男はみずからをバビロニアの王、産油国の新たなネブカドネザル［ネブカドネザル二世、前六三四―前五六二、新バビロニア全盛期を現出し、二度のユダヤ民族バビロン捕囚でも知られる］に見立て、陰謀につぐ陰謀を跳ねかえした。だが、猪突猛進と打ちつづく失敗により、この「バグダードの残虐王」が途方もない夢想を追いつづけることは不可能となった。以下は、現代史上最悪の暴君のたどった軌跡である。

このティグリス・ユーフラテス流域で、かつて人間は文字を発明した。そして、この古代文明の揺籃の地において人間は、身内が呪わしい不運をもたらすことがあるという事実をあらためて認識した。それは、新たなメソポタミア王となろうとした独裁者、サッダーム・フセインただ一人に起因し、全イラク国民が慢性的にこうむる不運となった。

その名前は、彼を運命づけていた。「サッダーム」とは、「敵に打ちかかる者」を意味する。まったく、二〇年あまり、このイラクの主人はだれも容赦せずに打ちかかった。国民も、政敵も、クルド族も、隣国も。たたきつけ、暗殺を扇動し、支配芸術としての拷問を作り上げ、無数の屍《しかばね》の上に玉座をうちたてた。終わりなき恐怖の連続によって、この大統領《ライース》は鉄の支配を樹立したのだった。欧米による放任と拒絶の産物でもあるこのイラクの絶対指導者は、一九七九年から二〇〇三年までのあいだ、好き放題を強要し、恐怖を貧しい農村にも一家団欒にも、さらには側近の心にまでそそぎこんだ。サッダーム・フセインの生涯は、剣による天下取りと、上昇時と同様に暴力にまみれた失墜の物語である。まさに、バグダードにお似あいの壮大な物語である。

この、暴力発散のおそるべき性癖、極端なオリエント風専制の誇示、なによりも偏執的なこの性向は、いったいなにに由来するのか。産油国の至高者としてのサッダームは、臣民に適切な生活水準を供給する気づかいすらもたなかった。恐怖にくわえ、イラク国民は、窮乏を体験し、腐敗の広がりをこうむり、経済制裁による物資の不足に耐えねばならなかった。産油国イラクは、急速に警察国家となっていった。独裁はおそるべき数の犠牲者を出した。行方不明者は五〇万人近くにのぼり、その大部分はクルド人、女性、子どもであった。四〇〇万人の亡命者が出た。

一五〇万人のイラク人は、終わりなき戦争とテロ攻撃で身体障碍を負った。サッダームは、あらゆる手段で支配権を奪取し保持するようプログラミングされていたのではないかと思われるほど、権力に対する直感がきわめて鋭かった。一斉検挙、標的をしぼっての暗殺、クルド族爆撃、それにシーア派の虐殺。サッダーム・フセインは、自分が現代史上最悪の暴君の一人であることを証明した。

新たなネブカドネザル

まずは、サッダームにまつわる二つの対称的なイメージを見ておこう。最初のひとつは、栄光への道のイメージだ。サッダーム・フセインは、弱冠二〇歳あまりにしてクーデターの渦中に身をおいた。短期間でクーデターが習《なら》い性《せい》となる彼にとって、これは一種の腕試しだった。すなわち一九五九年に、イラク首相であり将軍であるカーシム〔アブドルカリーム・カーシム（一九一四―一九六三）、イラク共和国初代首相。イラク王政を倒して首相兼最高司令官として独裁するが、クーデターにより処刑された〕に対する一揆《プッチ》に参加したのだ。当時の彼はまだ、非合法で汎アラブ主義のバアス党（再生の意）の一員でしかなかった。アル・ラシード通りで機関銃が数回連射されただけで、決起は失敗に終わった。サッダーム・フセインは逃亡することに成功し、ダマスカスに、ついでカイロに避難した。「なかなかのやつだった。沈着で、寡黙だった」と、同じくバアス党活動家の一人で、彼をエジプトに迎え入れたワヒド・ナドミは語っている。見かけの冷静さ、それは、なんとしてでも権力を手に入れてみせる、という不屈の野望を隠すものだった。

そして次は、二〇〇三年四月の出来事と、大統領府からの逃亡のイメージである。一か月前にジョージ・ブッシュ［ジョージ・W・ブッシュ。第四三代アメリカ大統領］が発動した攻勢のすえに、アメリカ軍はバグダードに侵入したばかりであった。数週間もの抵抗の後、イラク軍は戦闘力を失った。サッダームは逃亡せざるをえなかった。彼は首都の一部でまだ虚勢を張ることができたものの、「あらゆる戦闘の母［決定的な戦闘］」で自分がすでに敗北を喫していることを知っていた。大統領としての命運はつきた。残虐性を統治の原則として築き上げての、自分ただ一人による二三年間の支配をへて、これからは新たな地下活動に入るのだ。彼にとっては、最後の地下活動となるのだが。その失墜は、猪突猛進とおぞましい力学――国内における恐怖政治、国外にむけての挑発と好戦的態度――の論理的帰結でしかなかった。バビロンの王は、いまだ死してはいなかったが、瀕死ではあった。混沌のなかで、後を襲って首相になったアフマド・カラビは彼について、「悪事によって力を使いはたしたのだ」と述べている。

そう、バビロン！　ここに、サッダームの信じがたい、またおそるべき成りあがりを説明する秘密がある。時は二〇〇〇年代の初頭、戦乱をよいことに盗掘者が古代のネブカドネザル二世の墓所を襲うのはまだ先のことだ。バグダードの南、八〇キロメートルの場所にある古代都市、そこには発掘された城壁とまばらな柱廊以外にたいしたものは残存してはいないが、二文字のイニシャルがきざまれた日干し煉瓦を見分けることができる。ＳＨ、〈サッダーム・フセイン〉のイニシャルだ。体制の狂信的支持者が、この高度に象徴的な場所を警護している。それには理由がある。ここから数百メートルのところに、イラクのナンバーワン、すなわちフセインが、豪勢な宮殿を所有しているのだ。オリエントでもっともぜいたくな宮殿の一つだ。それは巨大で、峻厳で、〈サッダーム・ヒル〉とよばれ、シュメール時代〔ティグリス・ユーフラテス川の水利を利用し、新石器時代の農耕革命を現出した最初の人類都市王国文明〕の要塞を模していた。この宮殿の主《あるじ》は、メソポタミアの諸王の後継者である、との主張は明白だ。サッダームはみずから出張《でば》ってこの宮殿の工事の進捗に目をくばった（ただし、これ以外にも一九の宮殿があり、いずれの宮殿も、季節も昼夜もとわず、大統領がいつ訪れてもお迎えできる用意が整っている必要があった）。建築家たちは戦々恐々であった。サッダーム・フセインは、竣工が予定より遅れると建築家を処刑した、オスマン帝国のスルタンと選ぶところがなかったのである。

　石材に彫りつけられた銘文には、施主の意思が反映されていた。「これはネブカドネザルの息子たるサッダーム・フセインによりて、イラクの栄光のため建てられたるものなり」。その敷地の出口近くには、巨大なパネルがあって、気後れした訪問者を安心させてくれる。そこに描かれているのは、長く四角い髭面でそれとわかるネブカドネザルであり、古代の上衣をまとっており…そして、戦闘服のサッダーム・フセインから一本の椰子の木を贈られている。フセイン大統領は古代の王にも贈り物をおしまぬ、気前のいい男なのだ！　滑稽だと思われるのでは、と気に病むような男でもなかった。権勢の狂気にとり憑《つ》かれる者はしばしば、歴史上の大人物を引きあいに出して、自分を誇示する必要に駆られるのだ。

ティクリートのベドウィンによるしっぺ返し

しかしながら、サッダーム・フセインは、かならずしも最良の星のもとに生まれたというのではなかった。その父は、一九三七年にサッダームの生まれるその前に、はや母を捨てさったようだ。それはティクリートの近傍、バグダードの北西にある村でのことだった。母は再婚したが、その男は冷酷で、子どもを虐待した。「起きろ、このクソガキ！　ヤギの世話だ！」しらしら明けに、もう怒鳴るのだった。のちにイラク大統領になってから、サッダームは出自をあいまいにしようと努め、年譜を飾りたてた。しかしいまとなっては、彼は六歳の幼少期から牧畜に従事し、靴も買えないほど貧しかった、とわかっている。それで一二歳のときに出奔し［一〇歳ともいわれる］、バグダードの叔父宅に寓居した。軍歴のある叔父は教育者であり、サッダームに進学への道を開いた。その生涯を通じて、サッダーム・フセインは、二人の父に対する怨恨をいだいていた。ゆくえ知れずの生物学上の父［フセイン出生前に死亡したという説もある］と、暴力的な養父である。これが、サッダームの残酷性、終わりなき雪辱願望の出発点である。

さまざまなコネと好意によって、このティクリートの羊飼い《ベドウィン》はカイロ大学で学ぶことができるようになり、中東におけるさまざまな革命運動の篤《あつ》い支援者であるナセル大統領の、汎アラブ主義にふれた。彼は早くも、イラクの権力をわがものとする夢をいだくようになった。

一九五九年のクーデターの失敗は、彼に教訓をあたえた。足に負傷しただけに、なおさらだった…。主人公を戦うヒーローとして描くことを使命とするおかかえ伝記作者によると、彼は麻酔もなしに、ナイフで弾丸をえぐり出したそうだ。それだけではない、エジプトへの逃避行は潤色され、ティグリス河を泳いで渡ったことになっている。玉座を手に入れる前には、まず伝説を作らねばならなかった…

バグダードに帰還してのち、サッダーム・フセインは、一九六三年に従妹と結婚した。夫婦はウダイとクサイの二人の息子、それに三人の娘をもうけた。彼は多数の愛人を作ったが、艶福家ぶりがおおっぴらになることは避けた。バアス党再建の重責を担い、ライバルを急いで排除する取り組みに邁進した。その頃からすでに、少しでも自分の意にそわない者は死に値すると考えていた。先に見えている権力に向かっている以上、ためらいも後退もできなかった。勝者は自分一人しかいない、とこの若き国家主義者の闘士はすでに警告を発していたようだ。

彼はめざましい熱意をもって任務に取り組んだので、ハサン・アル＝バクル大統領は副大統領に昇進させ、あわせて革命指導評議会副議長に任命した。もはや王笏《おうしゃく》には、あと一息だった。雪辱への欲求と野望とによって、人よんで「補佐官どの」は日に日に、少しずつ権力に近づいていった。彼はあの伝説のアッバース朝〔ウマイヤ朝につぐイスラム全盛期の大帝国。イベリア半島―北アフリカ―西アジア―中央アジアまで支配し、唐帝国も破った〕のカリフたちの時代を夢見るのだった。これを誇大妄想だと思う愚か者は、冷や水を浴びせられた。だれであれ、彼の出世には異議をはさんではならない。それが証拠に、彼はイスラエルのためにスパイを働いたという廉《かど》で、一七人のイラク同胞をバグダードのある広場で、見せしめのために公開絞首刑に処したのである。

ついに、その日は来た。一九七九年、四二歳になった彼は、アル＝バクルを排除して、権力を奪取した。新権力者フセインは石油という天の恵みを生かし、エジプトを追い越す相当な規模の軍事産業を祖国に興すことを構想した。そのエジプトは、キャンプ・デーヴィッド合意［一九七八年にアメリカのカーター大統領の仲介により成立した、エジプト・イスラエル間の和平合意。シナイ半島はエジプトに返還された］でイスラエルに身を売り渡したとアラブ世界で非難されていた。だがその前に、サッダームはまずは恐怖とシンボルによって国民に衝撃をあたえようと考えた。就任と同時に、彼はバアス党の指導陣と責任者たちを何百人もよびつけた。一同は恐怖で凍りついた。新しい指導者は、自分たちをどうしようと考えているのだろうか？

口髭を念入りに手入れし、スーツ姿もぴしっとしたサッダームは、ほぼ禿頭の男が窮地に立たされて自白するのを聞いていた。「はい、わたしは陰謀をたくらみました」と、モウリ・アブデル・フセイン・マハディはマイクの列の前でおびえながら言った。ついで、ひとりまたひとりと、共犯者の名をあげた。すると、雪のように蒼白になった多数の同志たちは、裏切り者たちに死を要求した。出席者の一人は「党に永遠あれ！　サッダーム・フセイン万歳！」と、汗びっしょりになりながら叫んだ。

逆族か、忠臣か、旗幟《きし》を鮮明にしなければならない。しかも早急に。指先に友人カストロから送られたキューバ葉巻をはさみ、内心ではひそかに喜んでいるらしい不敵なサッダームの前では、緊張しないほうがおかしかった。みな、大粛清をおそれた。だが、閣僚五人をふくむ六六名という、ターゲットをしぼっての粛清となった。全員は、銃殺隊の前につれていかれた（二〇名ほどは、ひきずられて）。この厄災からのがれた者たちは、額の汗をぬぐい、頭《こうべ》をたれるか、壁を見つめるかしていた。その一幕は、尊大にして、鞭をふるうことを楽しんでいるサッダームの姿とともに、詳細に映像に収録された。バグダードのカエサルは、ブルートゥスたちの陰謀［古代ローマ共和政末期、帝位を狙う独裁官ユリウス・カエサルを、共和派のブルートゥスとその同志が暗殺した］をあばき、彼らに有罪判決をくだした、というわけである…。メッセージは明瞭であり、人々にそれを公知する必要がある。役人たちは、テレビをもたない村人たちを招集して、鑑賞会を開催せねばならなかった。これにはスターリンでさえ、あの世でびっくりしたことだろう。「独裁者というものは、嫉妬のもっとも完璧な形態である」と、マラパルテはその著書『クーデターの技術』［手塚和彰／鈴木純共訳、中央公論新社〈中公選書〉、二〇一五年］に書いている。ハリウッドのスリラー映画も、ここまではできないだろう。サッダームの声価は、これで定まった。もはや異議は許されない。独裁が道をふみだしたのだ。

ゴッドファーザー

サッダームのすべての戦略は、こうした衆人環視《しゅうじんかんし》の粛清と、自身の権威づけという劇場的手法の延長線上にある。まずは、その精力的で悪魔的、そして際限のない恐怖政治である。悪の凡庸化だ。あらゆる反骨心の芽を摘んで骨ぬきにする。床板は大理石、蛇口は金メッキというティグリス河畔の新宮殿の主となったイラクの専制君主は、残酷で偏執的で誇大妄想的な性格のままに、恐怖をもてあそんだ。

すべてを監視するために、フセインは主要なポストに、故郷であるティクリートの部族の人間を指名した。その他さまざまな、ムカバラットとよばれる情報組織の手によって、彼は多数の陰謀を探りあて、すべてを未然につぶしていった。一方では、彼はカメラの前でいい格好をし、よき家長、また軍司令官や部族調停者としてふるまった。国中の詩人たちに、預言者ムハンマドにも比すべき、自身の栄光をたたえる頌詩を作るよう命じた。著名な訪問者には、コッポラの「ゴッドファーザー」［一九七二年、以降続編。アメリカのイタリア系マフィア一族を描く叙事詩的映画］を見せながら、楽し気に解説した。アメリカ政府は、たしかに血まみれの暴君ではあるが、プラグマティックな国家元首であるサッダーム・フセインをどう扱うべきかわからず、とまどった。

このイラクの強大な隣人であるイランが、一九七九年のアーヤトッラー・ホメイニー［一九〇〇―一九八九。イランのシーア派最高宗教指導者。イラン革命を主導し、親西欧派の帝政を倒して、一九七九年、イラン・イスラム共和国を建国した］の帰国によって宗教的原理主義におちいると、西側の多数の政府は、暴君とわかっていてもフセインを支持するようになった。フセイン自体も、戦争開始のために奔走した。パリ、モスクワ、それにワシントンもそれに乗った。イラクはさまざまな武器市場から、大量の兵器を買いつけ、西側および東側の国々を喜ばせた。そしてサッダームは、自国民に対して化学兵器による攻撃すらためらわなかった……。ここに、大規模なイラン・イラク戦争がはじまった。これは、戦線が膠着《こうちゃく》して多大な戦死者を出した第一次世界大戦の砂漠版であった。

多くの兵士が重砲の餌食となる突撃の成果は毎回、数個所の丘陵の奪取だけだった。戦争は八年間続き、その結果は、以前と変わらぬ国境の是認と、一〇〇万人の死者だった。兵器の買いつけ量は膨大であり、イラクは七〇億ドルにのぼる借金を背負いこみ、そして周辺のアラブ諸国はその支払いをせまった。サッダームは激怒した。独裁者というものは、しばしばよい戦略家とはいえないものである。

だが彼は、まだこりていなかった。二年後の一九九〇年、今度は、鼻先をブンブン飛びまわる傲慢な蚊であるクウェートの征服にのりだしたのである。またも失敗だった。父《パパ》ブッシュ［第四一代大統領］の率いるアメリカとサウジアラビアは、フセインを一撃で打ち倒した。一五万人の戦死者を出す惨敗であった。しかし多国籍軍の戦車は、バグダード入城の手前でふみとどまった。それというのも、アメリカとサウジアラビアは、シーア派が国民の多数を占めている［フセイン政府はスンナ派］脆弱なイラクの崩壊をおそれたからであった。実際に、内部の危機はすでにはじまりつつあった。北方のクルド人は、もはや暴君の圧政に耐えられなくなっていた。

これに対してフセインはいく度もの爆撃でこたえたうえ、アンファール作戦の名のもとに、正真正銘の絶滅作戦を遂行した。数万人もの死者が出て、四〇〇〇個所の村落が破壊された。さらに彼らに思い知らすべく、サッダームは一九八八年、ハラブジャの町に化学ガス攻撃を仕かけ、何千人もの犠牲者が出た。山岳地帯のクルド族と、「死と戦う」ペシュメルガ戦士［クルド人抵抗戦闘勢力、現在はクルディスタン自治政府の正式武装組織。ペシュメルガは「死と戦う者」という意味］は、「許すまじ」と心に誓った。

人民英雄としてのイメージ

とはいうものの、なにをもってしてもサッダームを思いとどまらせることは不可能のようだった。二人の息子であるウダイとクサイ（それぞれ一九六四年と一九六六年生まれ）も、父親と同様に恐怖をまきちらした。彼らは厳重に護衛されてバグダードの街中を、高級車を連ねて乗りまわすのを好んだ。体制のあらゆる恩恵を享受して、大邸宅と女性とを蒐集した。「ウダイかい？やつは腐って甘やかされた高慢ちきさ」と、かつての級友のひとりは語っている。当時のバグダードでささやかれた噂によると、言いよるのをはねつけたある娘は、誘拐されて、飢えた犬の餌にされた。真偽は別にしても、この噂は長いこと街角に流れていた。父親が息子たちの好き勝手を放任したことで、国民の恐怖のレベルがいっそう跳ねあがった。

すべてがこの調子で、体制の子分どもも遠慮せずに恐怖をまきちらした。たとえば、ある運転手が交差点で相手がサッダーム・フセインの兄弟の一人であることに気づかぬまま、別の車とトラブルになった。するとボディガードたちによって、気を失うまで殴られた。政敵が逮捕された場合、拷問は確実だった。ひとびとは、ときには、身の毛もよだつ残虐な光景を目撃することになった。あるイスラム活動家が職務質問を受けたとき、警官はカメラの前で活動家のシャツのポケットに爆発物をすべりこませた。数瞬ののちに、彼は爆死した。

こうして、見せかけもしくは本音の称賛と、集団的恐怖とが混じりあった複雑なシステムができあがった。「実際、この体制は二重の伝統の恩恵にあずかっていた」と、イラクのジャーナリストであるズハイル・アル＝ジェザイリーは『サッダーム・フセイン黒書』のなかで述べている。「一つは、神と人との無謬の仲介者であるイマーム［イスラームの最高宗教指導者］への服従をうながす宗教的伝統。もう一つは、個人とシェイク（部族長）とを結ぶ恒常的な絆に立脚する部族の伝統」と。混乱した中東において、サッダームはアラブの首長であるライースの伝統を継ごうと考えた。際限のない残虐性をおびたライースとして。彼が自分に対する個性崇拝を推進したことで、国父としてのイメージが、さらに強まった。空港に、街角に、モスクに、学校に、そしてあらゆる村に、彼の名前がつけられた。「サッダーム様、おおサッダーム様、あなたの御眼《おんめ》には国の夜明けが宿ります」と、小学生から高校生にいたるまで、子どもたちは声をそろえて叫ぶのだった。地方を巡行におけるフセインは人民英雄、ロマンティックな首長としてふるまい、いうまでもなく、いつもテレビ中継の一団がうやうやしく随従していた。

かくしてイラク全土に、湿地の村々から学校の教室、それに商店にまで、この最愛の指導者をたたえる肖像画、ポスター、それに彫像が蔓延することになった。「イラクの人口は四〇〇〇万、そのうちイラク人は二〇〇〇万、あとの二〇〇〇万はサッダームの肖像」とは、ひそかに流布したジョークである。だれもこの「栄光《はえ》ある大統領」の尊大な視線からのがれることはできなかった。ほんの少しの敬意も欠けてはならなかった。子どもたちは学校で、密告こそが生き残るすべであり、笑うことは危険だ、と学んだ。反逆をくわだてた村を鎮圧するための戦車が派遣されるときには、大統領の肖像が砲塔に貼りつけられていた。バグダードの新聞は仰々しく誇張し、見出しいっぱいに書きたてた。いわく「抵抗者」「旗手」「アラブ国の騎士」あるいは「アラブの匕首《あいくち》」等々。ところが当のイラク人たちは、自国のことをこうよんでいたのだった。「恐怖の共和国」と。

やがて、市民への拷問と略奪、シーア派の虐殺、クルド人の強制収容といった、この国家体制の悪弊を、国際社会が問題視するようになった。アメリカがこの地域の石油に目をつけているだけに…

そこで子《ジュニア》ブッシュ［第四三代大統領］は、父のはじめた仕事を完成させようと考えた。二〇〇三年三月、新湾岸戦争が宣言された。麾下の将軍たちの太鼓判にもかかわらず、サッダーム・フセインは、勝負は危ないどころか、いずれは敗北するとわかっていた。

同盟国は今回、彼の命そのものを狙っていた。ヨルダン国王のアブドゥッラー二世は、首都アンマンから「サッダームは、まるでトーチカにこもるヒトラーだ」と評した。追いこまれた独裁者は地下潜伏状態となり、エイブラムズ戦車［米軍主力戦車］と空母リンカーン［ニミッツ級航空母艦の五番艦〕が接近するなか、バグダードの郊外に姿を消した。彼はイラク人民にレジスタンスをよびかけた。

サッダームは、逃げまわりながらも、なかば勝利感を味わえた。イラク全土は炎に包まれ、この国は破滅から生き残ることはできないかと見えた。しかも、アメリカにとってまずいことに、不倶戴天の敵であるイランが舞台に戻ってきた。かつてのペルシア帝国は、無視することのできない勢力であることが明らかになった。こうして、欧米勢力の介入は軍事的大惨事へと姿を変えた。イラク作戦は、アメリカ連邦議会によれば、一一年間にわたって二兆ドルもの高きについた。一〇〇万人が命を失った。米軍にとって、アフガニスタン戦役とならぶ、近年における最大の作戦であった。戦争体験でトラウマ、つまり表面に出ない精神的な傷を負って帰国したＧＩ〔米兵のこと〕とその他軍属の毎年の自殺が、一四年にわたるこの二つの戦役による死亡者数に輪をかけた。

追いつめられた怪物

イスラム主義者による抵抗運動が組織される一方で、サッダームは隠者のように暮らさざるをえなかった。国内のスンナ派の地域、つまりバグダードの北ないし北西のあたりだが、そこになら二〇個所から三〇個所の自由になる隠れ家をもっていた。だが、二〇〇三年の一二月一三日のこと、アメリカ第四歩兵師団の数名の兵士が、奥行き二メートル半の地下隠れ家にいる彼を見つけ出した。サッダームはまるで犬のように穴ぐらにひそみ、髪はぼさぼさに乱れ、一面髭面だった。そのかたわらにはチョコレートバーとドライフルーツ、それに現金で七五万ドル、さらには回転式拳銃一丁と二挺のカラシニコフがあった。かつてのバグダードの主人は、この逃げ場のない状況に茫然として疲れはて、なんの抵抗も示さなかった。「目標は確保された！」と、連合国暫定当局代表（イラク総督）のアメリカ人、ポール・ブレマーは、テレビカメラの前で叫んだ。

権力を失えば、凋落あるのみ。特別裁判所が設置された。四〇名の裁判官がサッダームを裁く任務についた。カタルシスを求めていたイラク民衆はついに、自分たちのニュルンベルク法廷「ナチ・ドイツを断罪するために置かれた国際軍事裁判所」を獲得することができた！　訴追事項は、重大だった。何十万人もの死者、四〇〇億ドルにのぼる横領と蓄財（その多くは、日本、スイス、シリア、それにドイツの架空法人をとおして行なわれていた）。だが暴君は抵抗した。独房のなかで、面会に訪れた四人の政治家を前に、フセインは後悔の念などいっさい表明しなかった。「わたしは公正で意志強固だった、この国は強大な人間を必要としていたのだ」。サッダームは自分が死刑になることを知っていたし、もはや失うものはないとわかっていた。ただ、人民の英雄であるという評判を残すことだけが願いだった。敵に膝を屈したヒーローではあるが。スーツに白いシャツ、短く刈った髭姿で、彼は能弁をとりもどし、判事に盾つき、いっときは自分のことをお気に入りだったアメリカとその同盟国を手厳しく指弾した。あいかわらず、猪突猛進だった…。裸になった王様は、なおもかみつきつづけた。バグダードの裁判所では悲喜劇が演じられ、一方、街中では断末魔が続いていた。

その一年後、サッダームは絞首刑に処せられた。処刑の一部始終は、シーア派の立会人によって録画されたが、彼らが意図していた演出は大失敗となった。サッダームは、階段の頂上の台の落とし板のところで縄が首に巻きつけられながらも、宗教指導者ムクタダー・アッ＝サドル［イラクのシーア派指導者。フセイン亡き後のイラクで頭角を現わす］の名を叫ぶ立会人たちに、「おまえたちが示す勇気のほどとは、そんなものか！」と逆襲してみせたのだ。

ある民兵が「一人の人間がアッラーの御許《みもと》に召されようとしているんだ」と言って、仲間をたしなめた。すると落とし板がはずれ、死刑囚は台の下へと一気に落ちた。多くの人を処刑したフセインの幕引きだった。「暴力には暴力が返ってくる」と、アラゴン［フランスのシュルレアリスム詩人］は書いている。シュメール［古代メソポタミアの最初の都市王国文明。再出］の新たな王たることを夢見た暴君は、まさに自身の統治のごとく、野蛮に、舞台の書き割りのなかで死んだ。

オリエントのスペクタクル史劇は、しばしば復讐劇の風あいをおびる。このバグダードの残虐王の死から一〇年の月日が流れても、過激派は殺しあっている。

イラクはかつてないほどに切りきざまれ、三つの勢力に分割されている。「スンニスタン」つまりダーイシュ［イスラム過激派の一派、ISIL、イスラム国ともよぶ。一時は中東に猛威をふるったが、二〇二〇年現在は、各地で残党が活動を続けている］と同盟するスンナ派地域、独立への道をめざす北部クルド地域、それにイランに従属するバグダードとシーア派地域である。メソポタミアは最後のネブカドネザルを失ったが、禍々《まがまが》しい宿命に惹《ひ》かれ、最悪の事態に魅せられる状況は続いている。

オリヴィエ・ヴェベール

参考文献

ANGELI Claude et MESNIER Stéphane, *Notre allié Saddam*, Paris, Olivier Orban, 1992.
BOZARSLAN Hamit, *La Question kurde, États et minorités au Moyen-Orient*, Paris, Presses de Sciences Po, 1997.
COCKBURN Andrew et Patrick, *Out of the Ashes, the Resurrection of Saddam Hussein*, New York, Harper Perennial, 2000.（アンドリュー・コバーン／パトリック・コバーン『灰の中から――サダム・フセインのイラク』、神尾賢二訳、緑風出版、二〇〇八年）
KUTSCHERA Chris (sous la direction de), *Le Livre noir de Saddam Hussein*, Paris, Oh! Éditions, 2005.
MALBRUNOT Georges et CHESNOT Christian, *L'Irak de Saddam Hussein, portrait total*, Paris, éditions n°1, 2003.
TALABANY Nourri, *Arabization of the Kirkuk Region*, Uppsala Kurdistan Studies Press, 2001.

TRIPP Charles, *A History of Iraq*, Cambridge University Press, 2002.（チャールズ・トリップ『イラクの歴史』（世界歴史叢書）、大野元裕監修、明石書店、二〇〇四年）

20

ビン・ラーディン
絶対悪の技師《エンジニア》

（一九五七―二〇一一）

アルカーイダの創始者ウサーマ・ビン・ラーディンが率いた組織は、イスラム主義テロリズムにおけるインターナショナル（社会主義運動の国際組織）のようなものだった。一〇年以上にわたり、国際手配の最重要犯としてアメリカに対抗し、欧米の情報機関の手をすりぬけ、五〇〇〇万ドルの懸賞金にもかかわらず、追いすがる捜査の手をのがれつづけた。彼はどうやって、たった一人で全世界の均衡をゆるがし、テロを蔓延させることができたのだろうか。サウジアラビアからスーダンをへてパキスタンへといたる、蒙昧主義（公共への知識の広まりを否定する考え方）の説教師、欧米に対するジハード（聖戦）の闘士としての道のりをたどろう*。

＊〈原注〉本章の記述は、作家でありジャーナリストでもあるオリヴィエ・ヴェベールの一人称で語られる。ヴェベールは偶然にも、ムッラー・オマル（タリバーンの創始者であるムハンマド・オマル）の部下たちの客人となったことで、国際手配の最重要犯の隠れ家の至近距離に数週間滞在した。それは

不安に満ちていたと同時に、学ぶところが多い経験だった。まずは読んでいただきたい。

何世紀にもわたり、カンダハールは「王を輩出する」町だった。一七四七年以降、アフガニスタンの支配者の多くは、アレクサンドロス大王の町であるカンダハールで生まれている。大王の長征の置き土産としてその名を冠した多くの町の一つである（カンダハールの旧称はアレクサンドリア・アラコシアという）。一九九六年から二〇〇一年まで政権の座にあったタリバーン（ターリバーン）は、この都市に宗教国家の首都という地位をあたえた。そこではイスラムの教義が厳密に守られた。またそこには絶対悪の扇動者もかくまわれていた。全世界を不安定化させようとした人物が。

ジハード主義の同志たちから「エンジニア」とよばれていたウサーマ・ビン・ラーディンは、この町に自邸をもち、そこは注意深く人目を避け、厳重に警備されていた。

わたしは一九九八年と二〇〇〇年の二度にわたり、イスラム原理主義者にして、黒ターバン集団であるタリバーン政権の賓客だったビン・ラーディンの隠れ家から、五〇〇メートルの場所に滞在した。著書『アフガンのハヤブサ』（一九九九年から二〇〇一年のあいだに執筆）と、監督をつとめた映画『タリバーンの麻薬』のために、わたしはタリバーン指導者の一人と交渉して宿を提供してもらった。こうすれば、朝から晩まで、礼拝の義務を怠る者はいないかと民兵がうろついているなかでも安心できる。不思議なことに、タリバーンの最高指導者、ムッラー・オマルの率いる政府の閣僚たちの一部は、わたしが映画を撮影することを大目に見てくれた。敬虔な兵士たちのあいだで画像や表象は厳しく禁じられ、ダンスや音楽、子どもの遊びや凧揚げなども禁じられていたにもかかわらずである。

当時、わたしを泊めてくれた人物はタリバーン政権のナンバー・ツーかナンバー・スリーの有力者で、カンダハール州の知事だった。純潔なロビン・フッドともいうべき人物にして、ビン・ラーディンの好敵手である彼は、地域内の盗賊や凶悪犯、犯罪組織を追放することでゲリラの世界で威光を放っていた。ムッラー・オマルの右腕である彼が、ほこりの舞うカンダハールの町にわたしを受け入れたのは、わたしがこれまで何度もアフガニスタン紛争を取材してきたからだ。ゲリラがひそむ潅木地帯も、ソ連占領下のカンダハール郊外も、『千夜一夜物語』を思わせる芳香ただよう果樹園も、深い畝——一斉検挙や機銃掃射から身を隠すのに最適である——が掘られた有名なブドウ畑も、わたしの取材現場だった。ソ連軍との戦闘中、地雷で片足を失って義足を装着しているため、歩き方で遠くからでもすぐそれとわかるムッラー・ハッサンは、カンダハール郊外にある大きな家にわたしを迎え入れてくれた。この地域で収穫されるブドウは「世界一」だと、住民たちは自慢していた。タリバーン関係者の話では、ムッラー・ハッサンと部下たちは世界一有名な逃亡者も収穫したという。「聖戦の同志であり、戦友である人物を、どうして追い返したりできるだろう」と、ムッラー・オマルの閣僚の一人は言った。タリバーンの別の幹部によれば、イスラム共同体（ウンマ）の国々からタリバーン国家が承認を得るうえで、アルカーイダの首領をかくまうことは大きな障害になったという。ウンマの国々のうち、当時のタリバーン政権と国交をもっていたのはパキスタン、アラブ首長国連邦、サウジアラビアの三か国だけだった。

木製の義足をつけた大臣とその金庫

何週間ものあいだ、わたしはそのやっかいな客人から至近距離の、質素な家に住むことになった。針の止まった礼拝時計の下で、祈りの回数を数えるためのタスビー（数珠）を繰りながら、ムッラー・ハッサンは義足でないほうの足をテーブルの下でゆらしていた。心が休まるときがないのだ。木製の義足をもつ大臣は、星雲のごときタリバーン組織のなかでも最高位の高官の一人であり、アフガニスタン南部の武装勢力を率いる立場にあったが、それでも国境なきカリフ国を夢見る男、ビン・ラーディンが近くにいれば神経をとがらせる。昼寝の時間にお茶を飲みながらおしゃべりしていると、彼が絨毯の上で眠りこんでしまうこともしばしばだった。財産を守るために、頭はしっかりと小型金庫に押しつけたままだ。軍閥の指導者が訪ねてきて忠誠を誓うときは、この金庫から札束を渡してやることもあった。

こうしてわたしは少しずつ、ビン・ラーディンはカンダハールで匿《かくま》ってもらうためにそれなりに代金を支払っている、と理解するようになった。ビン・ラーディンは中東にいる仲介者を通じて、アフガニスタンにちょっとした資金をもたらしていた。多くの場合は人道支援を隠れ蓑にして、原理主義勢力の戦費を補っていたのだ。こちらに移動診療所、あちらに救護所という名目だが、じつのところは過激思想のイスラム神学校だった。ウルーズガーン州の山中には、外国人戦闘員のための訓練施設もできた。暇があればパシュトゥーン語でBBCを聞き、右耳をトランジスタに押しつけるようにしているムッラー・ハッサンは、ビン・ラーディンにインタビューしたいというわたしの希望を前向きに検討してくれるようになった。手はじめに、厳重な警備をつけたうえで、隠れ家である豪邸に近づいてよいことになった。アフガン産ハヤブサ（中東では何千ドル、ときには何万ドルもの高値で取引されている）用の窓つきの木箱ばかりが散乱し、ひと気のないカンダハール空港のすぐ近くだった。周辺にいる原理主義勢力の民兵たちは神経質になっていた。あきらかに米軍の爆撃や特殊部隊の急襲をおそれているのだ。指揮官の一人は、サウジ出身のビン・ラーディンをあまり評価しないと打ち明けた。外国人志願兵を率いてタリバーン首長国に入りこもうとしていると疑っているのだ。「彼の勝ちかもしれない」と、アフガンの部族長は吐きすてるように言った。ビン・ラーディンを信奉するワッハーブ派勢力が、タリバーン首長国を制圧するのではないかと危惧しているのである。

待つこと数週間、ムッラー・ハッサンが突然前言をひるがえした。「客人にインタビューするなら、もはや安全は保証できない」とある夜、彼は言った。約束を撤回することになり、少し決まり悪そうだった。「はっきりいえば、会ってもいいが、生きてアフガニスタンから出られないだろう」。ムッラーの助言だから、文字どおり受けとめなければならない。しかしわたしを待たせたことには負い目があった。タリバーン側は、わたしをもてなさなければという気持ちと、危険との板ばさみになっていた。わたしに気を使って多少の譲歩をしたい反面、影響力があって扱いのむずかしい客人の意に反することもしたくない。迷ったあげく、タリバーン首長国の閣僚たちとの会見がわたしに許可されることになった。ただしビン・ラーディンはダメだ。その影をふむことすら危険だと彼らは言った。こうして、エンジニアのように綿密な計画のもとにアルカーイダを一大勢力に育て上げた人物に会うことはかなわなかった。ビン・ラーディンは二〇一一年、そしてムッラー・ハッサンもその三年後に、いずれもパキスタンで死亡した。

馬と聖戦

多くの国を心底から震えあがらせたこの黒幕的人物は、いったい何者だったのか。国境なきイスラム主義ゲリラ組織、アルカーイダを発明した男。ビン・ラーディンはこの組織に国境も限界も望まなかった。領土の主張はいっさいせず、のちに既存の国境線を引きなおして擬似カリフ国の建設をめざした「イスラム国」のメンバーたちとは対照的だった。

イエメンの寒村の出であるムハンマド・イブン・ビン・ラーディンの、五四人の子どもの一七番目にあたるウサーマは、一九五七年三月にサウジアラビアで生まれた。「オリエントのロックフェラー」の異名をもつ父親は、二〇人ほどの妻をもち、建設業で財をなし、聖地をはじめとするサウジアラビアの大規模建設プロジェクトをほぼ独占していた。ビン・ラーディン帝国はたちまち中東全域に広がり、資産は五〇億ドルと推定されている。

御曹司のウサーマは、イスラム教ワッハーブ派の厳格な戒律のもとに育てられた。コーラン(クルアーン)を学び、資産家の父のもとでなに不自由なく暮らし、馬術、サッカー、陸上競技などさまざまなスポーツに親しんだ。一〇歳のとき、工事現場にもよくつれていってくれた父が、アメリカ人が操縦する双発機の墜落事故で亡くなる。こうして彼は父を失い、欧米社会に多少の敵意をいだくようになる。一七歳でシリア出身の親戚の女性と結婚し、ほかにも三人の妻をめとり、その後ジェッダ大学で土木工学を学んだ。実業家になるつもりだったのだろうか。そうした関心はほとんどなく、高級車を乗りまわすなど、資産家としての恩恵を受けつつも、ごく早い時期から国際ジハード主義の道を選んだ。しかしそれは、コーランの章句を歪めて血ぬられたウカス(勅令)に変えることを意味した。マルクス主義勢力と戦うイエメンの部族を支持し、シリアのムスリム同胞団を擁護した。彼の信条は、イスラム教ワッハーブ派にもとづく過激思想を実現するため、アラブ・イスラム世界を聖戦に突入させることだった。

ビン・ラーディンはサウード王家が支配する母国サウジアラビアより、原理主義者のハッサン・トラビが大きな影響力をもつスーダンを選び、のちにはアフガニスタンに惹かれ、ここをみずからのイデオロギーの実験場とした。ソルボンヌ大学の博士号をもつトラビは、少々荒っぽいとしてビン・ラーディンを嫌っていたが、彼がもたらす資金は評価していた。そしてパキスタンのペシャワールでは、ビン・ラーディンは人生を変えることになる人物、パレスチナ人のアブドゥッラー・アッザームと出会う。ムスリム同胞団に属し、ソ連との聖戦（アフガニスタン紛争）の指導者だった男だ。「ジハードのイマーム」の異名をもつこの男は、ビン・ラーディンのネットワーク構築を助け、「戦闘員奉仕局」をとおして欧米との戦いの志願兵を集めるのを助けた。二人は一方は思想家・理論家、他方は戦争指導者というふうに役割を分けあった。アッザームは一九八九年に暗殺されるまで信仰の伝道（ダーワ）を、ビン・ラーディンは武器と戦闘の伝道（キタル）を受けもった。ビン・ラーディンはアルカーイダの勢力拡大を慎重に見守った――この組織は一九八〇年代末、エジプト、イエメン、サウジ、北アフリカの原理主義者たちを中核としてつくられた。急速に台頭したこの組織は壮絶な攻撃、そして大規模で下部組織の主体性にまかせた広範囲の志願者調達という、二つの戦略を軸にしていた。パキスタン当局はこの活動を黙認した。場所を選ばぬテロの宣教師とたたえられて、ビン・ラーディンは満足だった。

ビン・ラーディンは救世主的な人物として組織の広報担当者のカメラの前に進んで姿を現わし、五年にわたって世界中のイスラム主義グループに資金を提供し、ネットワークを構築し、説教者を雇って戦闘員を教育させた。サウジ当局は長いあいだ彼を支援していたが、やがてその過激思想が自分たちにとって有害であることに気づきはじめる。ビン・ラーディンは戦士としてのイメージをゆるぎないものにするため、部下の前でたえずカラシニコフ銃を誇示した。しかし実際には刀をふりまわしたこともなく、戦闘経験も、一九八七年にパキスタン国境近くのザジで、ソ連軍とアフガン政府軍が反乱軍を攻撃したときの戦闘を除けば、ほとんど皆無だった。それでもかまわなかった。たとえ闇雲《やみくも》なものであっても、暴力のレトリックがアルカーイダの旗に輝きをあたえることを彼はすぐに理解したのだ。ビン・ラーディン神話が確立する一方で、彼はサウジの王家やエリート層から資金を調達しつづけた。戦術家の彼は、無垢で素朴な人間のふりをした。これにだまされた石油で潤う王家の人々が、まさか戦火をまねくことになるとは気づかないまま、パキスタンでなくこの愛国者を援助した。辛抱強く原理主義バージョンの闇資金調達システムを構築し、巨額の資金を集めた。聖戦の旗手として、ビン・ラーディンは欧米の首都を標的とし、多くの攻撃計画を支援したり主導したりした。

足跡を残さない男

滞在先のスーダン政府は、好戦的なこの客人に懸念をいだきはじめた。アメリカ大統領ビル・クリントンからも国外追放を要請されていたのでなおさらだった。しかしビン・ラーディンはどこ吹く風で、パキスタン、ついで一九九八年にはアフガニスタンへとのがれていく。そして追跡してくる特殊部隊、さらには西側全体を翻弄するのを楽しんだ。そしてわずか数年で、国際テロのあり方を一変させることに成功した。

かたくななこだわりをもち、新しいタイプのゲリラ勢力を象徴する人物となったビン・ラーディンは、山岳地帯や名の知れた部族地域、パキスタンとの国境周辺などで、部族の掟で守られた人の分け入ることのできない尾根伝いや谷底に部隊を配置することに成功した。

いよいよイスラム軍団の進軍である。発言はますます過激なものとなり、その標的は欧米の首都だけでなく、「背教者」であるアラブの王族に支配されているとして、中東諸国の首都にも向けられた。そして「ユダヤ人と十字軍同盟に対するジハードのための世界イスラム戦線」設立を宣言した。少しずつ、彼は新たな「悪の枢軸」であるイスラム主義テロリズムを一身に体現するようになる。しかしどうやって？　彼は、前代未聞のマキャベリズム的センスをもっていたのだろうか。実際、二つの動きが進んでいた。一方では、欧米諸国が合理的で善悪二元論的な観点から彼を社会の最悪の敵と名指ししたことで、イスラム圏の急進派のあいだでビン・ラーディンの人気が高まった。他方で、アルカーイダ（アラビア語で「基盤」の意）は構造化された新しい形の階層型ネットワークとみなされるようになった。ただしこれは、現実からかけ離れた幻想だったが。一九七九年から一九八九年まで、世界最強の軍隊の一つであるソ連軍との戦いに勝利した人々から教訓を学んだアフガニスタンでの経験を糧にして、ビン・ラーディンはピラミッド型ではなく水平方向の「星雲」の手法を採用した。最高指導者はビン・ラーディンだったとしても、組織は独立したグループの集まりとして機能するようにした。それらのグループが手を組むことで組織全体に柔軟性があたえられ、弾圧にあっても巧みに適応し、さまざまな国に地下組織のネットワークを広げ、それぞれの地下組織が政治面・軍事面で大きな自主性をもつことができた。欧米社会は共産主義体制崩壊後の多極化した世界で、こうした柔軟な運動がどれだけ力をもちうるかを理解していなかった。つまり欧米の無知が、正真正銘の戦争の論理を誕生させた責任の一端を負っているのだ。

ゆえに、アフガニスタンやパキスタンにおけるジハード主義者の訓練施設では、北アフリカやエジプト、サウジアラビア、フランス、インドネシア、トルコなどの出身者やイスラム改宗者など、世界中から来た戦闘員の姿がみられた。ビン・ラーディンの信奉者のなかには、ビン・ラーディンと同じように高学歴の者もいた。アルカーイダの集落や訓練施設には、医師や弁護士、エンジニアもいた。ビン・ラーディンの右腕だったエジプト人アイマン・ザワーヒリーはのちにアルカーイダの指導者になるが、彼もまた医師だった。

ビン・ラーディンの指揮のもとで、サウード家の台頭でアラビア半島に根づいた厳格なイスラム教の宗派、ワッハーブ派が新たに勢いづいた。組織内でも、この宗派の教義が徹底された。訓練施設はプロパガンダの場であり、エジプト出身の盲目のイスラム主義活動家、オマル・アブドゥッラフマーンをはじめとする各国の宗教家が指導した。一九八八年にアブドゥッラフマーンはパキスタンのペシャワール南西部の訓練施設でファトワー（布告）を発し、運動はいっそう過激化した。すなわちこの布告により、イスラム教徒の殺害が許可されたのである。「兄弟であるイスラム教徒に、どうしてそんなことができようか」。アルジェリア人の活動家Mはそう言って、のちに施設や原理主義者の仲間たちと袂を分かち、髭を剃り落としてパキスタンのある町に身をひそめた。これに対して、エジプトのテロ集団ガマー・アル・イスラミヤの狂信的な精神的指導者であるアブドゥッラフマーンの反応はこうだった。「われわれはエジプトのアンワル・アッ＝サーダート大統領を暗殺した。したがってウンマ（イスラム世界）のメンバーを殺すことは許される」。以来、活動家たちは勢いづいた。アブドゥッラフマーンは一九九三年、世界貿易センター爆破事件で逮捕されアメリカに送致された。地下駐車場にあるビルの支柱を自動車爆弾で攻撃する計画だったが、ビル倒壊をまねくことはできなかった。わたしは一九九六年にニューヨークで行なわれたアブドゥッラフマーンの裁判を傍聴した。無期懲役の判決を受けた彼は、指導者（ビン・ラーディン）についていっさい語らなかった。過激なジハードを説く説教者のあいだでは、沈黙の掟が絶対だった。

五〇〇〇万ドルをかけた追跡

その頃、ビン・ラーディンはひそかに逃亡を続けていた。そしてアメリカがそれを追跡していた。腎臓病をわずらい、副官のザワーヒリーに介護され、二五〇〇万ドルから五〇〇〇万ドルの賞金をかけられながらも、ビン・ラーディンは特殊部隊や殺し屋、賞金稼ぎの手をのがれ、山から山へと子山羊のように転々と移っていった。ビン・ラーディン伝説は急速にふくらんでいく。抑圧されたイスラム教徒の擁護者、国際的ジハード主義の大義を支える金庫番となったのだ。しかしテロの実験場となったアフガニスタンでは、二つの相反する考え方が対立していた。第一はタリバーンのそれであり、たしかに過激で保守的だが、地域社会に根ざし、より合理的で「自爆行為」は支持しなかった。第二はワッハーブ派の思想であり、街中でも攻撃を行ない、無差別の殺害をいとわなかった。二〇〇一年三月にバーミヤンの仏像が破壊されたときは、パキスタンの情報機関のうしろだてを得た国際テロ派の力が上まわった。アフガニスタンを国際的なジハードの跳躍台となるテロリストの聖域にするという邪悪な計画に、ビン・ラーディンは悦に入っていたことだろう。

その第一段階となるのは、ビン・ラーディン一派の宿敵である（アフガニスタン北部同盟の）マスード司令官の排除である。最後にアフガニスタンに滞在してから数か月後、わたしははじめてヨーロッパを公式訪問したマスードにパリで再会した。「パンジシールの獅子」とよばれる彼はこのときアメリカ大統領にメッセージを発した。「もしジョージ・ブッシュがアフガニスタンの平和に関心がなく、われわれを助ける気持ちもないなら、彼はわれわれと同じ問題をかかえることになる。それは、ビン・ラーディン率いるイスラム主義勢力とタリバーンが仕かけてくる戦争だ」。来るべきものを予告したメッセージだったが、だれも耳をかさなかった。

二〇〇一年九月九日、マスードはタジキスタン国境で自爆攻撃によって死亡した。その二日後、世界貿易センターの同時テロ攻撃はタリバーンへの弔鐘となり、一一月にタリバーン政権は崩壊する。ビン・ラーディンは逃亡したが、同時多発テロの首謀者として正式に断定され、一刻も早く倒すべき男とされた。狂信的な闘士は、一気に世界のメディアの注目の的となる。カブールの東、トラボラの山中で目撃されたときは、包囲網を敷かれて遺書を書くほどだった。しかし過激派のパシュトゥーン人の助けがあり、また米軍の失策もあって、ふたたび追跡の手をのがれた。米軍は、互いにいがみあっているアフガン人指揮官たちに追跡を受けおわせたのだ。また西の隣国で二〇〇三年三月に起きた新たな火種、すなわちイラク戦争も、ビン・ラーディンに幸いした。ブッシュが起こした対テロ戦争でアフガニスタンではふたたび過激派が台頭し、内紛でアフガニスタンは「イラク化」していった。自爆テロが起き、役人や女子校校長が処刑され、人道支援のスタッフが誘拐された。

ビン・ラーディンは逃げつづけていた。そしてパキスタンの首都から遠くない部族地域にのがれた。国際テロの生ける象徴は、自分にあたえられた役柄を積極的に演じようとして、動画や音声のメッセージを通じて、折にふれて姿を現わした。何度も死亡したと伝えられたビン・ラーディンは（サウジの情報機関でさえも誤報を流した）、カメレオンにして「壁ぬけ男」「フランスの作家マルセル・エイメの小説タイトル」さながらであり、自分でも命を狙われていることを承知していたので、たえず隠れ家を変えていった。まるで生身の人間ではなく、精霊のようだった。アメリカ国家情報長官（ＤＮＩ）室が公開した文書によると、当時の彼は被害妄想に苦しんでいたという。妻の一人がテヘランで歯の治療を受けた。するとビン・ラーディンは、歯のつめものに電子信号を発する「麦一粒の長さで春雨ほどの太さ」の機械を挿入したのではないかと疑った。医師から注射を勧められたら注意するように、とも妻に警告していた。敵にとって皮膚の下にチップを挿入する絶好のチャンスだからだ。信奉者らが人質誘拐で得た金を、つねにカバンに入れてもち歩いていたが、そこから足がつくこともおそれていた。そしてボディガードのナセル・アル・バーリに、逮捕されたら頭に弾丸を二発撃ちこむよう頼んでいた。どう考えても、生きているより死んだほうがましだった。

パキスタンの情報機関ＩＳＩ（軍統合情報局）は何年にもわたり、イスラマバードから一〇〇キロ離れたカシミール地方のはずれのアボタバードという、高地にある厳重に警備された小さな町にビン・ラーディンを保護し、隠れ家を提供していた。木々が鬱蒼と茂り、本来は静穏であるはずのアユビア国立公園の彼方《かなた》、戦略的に重要な道路が壮大な山の風景のなかをぬうように走るこの場所では、ビン・ラーディンの追っ手が入りこもうにもパキスタン軍の監視の目をすりぬけることはできない。国際的ジハードの指導者であるビン・ラーディンがあいかわらず、その筋に報酬や謝礼を配りつづけていたこともつけくわえておこう。本人によると、スーダンにある彼の資産は二九〇〇万ドルだった。

墓標なき死

アメリカは同盟国パキスタンの協力を得られず、パキスタン側はビン・ラーディンの居場所を知らせることを拒否した。それもそのはず、ビン・ラーディンは国家のなかの国家のようなＩＳＩに保護されていたのだ。かつてのＩＳＩ長官ハミド・グルは、タリバーン民兵組織の生みの親だった。イスラマバードの彼の豪邸でそのことを質問したわたしに対して、黒幕は躊躇《ちゅうちょ》なくこう答えた。「たしかにわれわれが保護しています。どうしてわれわれパキスタン人が、ワシントンの指示に従わなければならないのですか」。彼はビン・ラーディンの居場所を知っていたのだろうか。いずれにせよ、CIAは要塞都市アボタバードにある隠れ家をつきとめていた。グアンタナモ米軍基地に収監された、同時テロの首謀者を自称するハリド・シェイク・モハメドの自白から、CIAはビン・ラーディンの「連絡係」の一人を特定していた。この男は、人目を避けるため高さ五メートル以上の壁と有刺鉄線でおおわれた三階建ての白い邸宅に、ビン・ラーディンを訪ねていた。一〇〇万ドル以上といわれる要塞のような家なのに、電話回線もインターネット接続もないことが、CIAの疑惑をますます強めた。それはまるで、パキスタン側が大切なスパイを警察から隠そうとしているかのように見えた。

外科医のシャキル・アフリディが、CIAから隠れ家に近づくように指示された。口実として肝炎の予防接種をいつわった。要塞化された邸宅の扉をたたいた医師は内部のようすを記憶にきざみつけ、DNAのサンプルを採取し、アメリカ側に渡した。国防総省と特務機関の専門家が、五回の国家安全保障会議をへて作戦計画を策定した。さながら『ミッション・インポッシブル』のように、急襲作戦は二〇一一年五月一日から二日にかけての夜、ワシントンから一万一〇〇〇キロ離れた場所で、七九人の兵士と四機のヘリコプターを動員して迅速に実行された。アメリカは復讐をとげた。

ビン・ラーディンは追われていることを知っていて、あらゆる予防措置を講じていたが、万全ではなかった。暗視ゴーグルをつけた特殊部隊が、オレンジ色の金属製の扉をたたき破ろうとしたとき、ビン・ラーディンは丸腰のまま逃げようとした。事態は一刻を争った。米海軍のヘリコプターが外壁に衝突したが、海軍のエリート特殊部隊、ネイビーシールズに被害はなかった。アメリカ情報機関によって「ジェロニモ」という暗号名をつけられたビン・ラーディンは、妻の一人を盾に身を守ろうとしたが、二発の銃弾を受けた。ジハード主義者ビン・ラーディンの襲撃は四〇分ほどで終わった。

ホワイトハウスの危機管理室「シチュエーション・ルーム」から分刻みで作戦を見守っていたバラク・オバマ大統領は、すぐさまテレビカメラの前でテロリストの死を発表した。ＣＩＡのパネッタ長官から「ジェロニモＥＫＩＡ（敵は介入中に死亡）」との報がとどく。これはオバマにとって、ホワイトハウス入りして最初の本物の勝利だった。緊迫感のなかでも、みずからの政治生命がかかっていることを彼は自覚していた。一九八〇年には、同じ民主党のジミー・カーター大統領が煮え湯をのまされている。テヘランのアメリカ大使館からの人質救出作戦が、イランのタバ砂漠での急襲ヘリの墜落という大失敗に終わったのだ。

こうして、歴史上もっとも長く、もっとも高くついた追跡劇は終了した。「世界の敵」の遺体は、アラビア海に停泊中のアメリカ空母カール・ヴィンソンの甲板に運ばれ、ただちに沖合に水葬された。ホワイトハウスの意向で、痕跡を残さず、墓碑もなく、世界中のジハード主義者や「解放者の族長」を信奉する者たちの神話の場となることがないよう配慮されたのだ。墓も巡礼もない死。作戦時の写真も公開されず、霧のように消えた人物として一〇年を駆けぬけた彼は、画像すら残さなかった。

ビン・ラーディンの築き上げた組織はこれで終わったのだろうか。とんでもない。「国際ジハード」の動きは続いている。志願者はあとを絶たず、模倣する者が増えて多様なテロリストが生まれている。急進的イスラム主義を自立させ、新たな形の暴力を発明するという、ビン・ラーディンが戦略的にめざした夢は実現した。たとえば「イスラム国」はアルカーイダの落とし子であり、戦略が異なるだけだ。「イスラム国」は、領土を主張し、これをイスラム法のもとに聖化しようとした。イラクとシリアのあいだに作られたこの擬似カリフ国は、短命に終わろうとも、その影響力の大きさを見せつけている。このおそるべき組織は難産のすえに生まれ、テロリストネットワークと従来の軍隊が混在し、一〇億から二〇億ドルの兵器と数百台の装甲車を擁している。これだけで中東でも、それ以外の地域でも戦闘を続けることができる。「イスラム国」とアルカーイダは競合関係にあるものの、長年のあいだ後継者を求め、いまはアラビア海の底に眠る男にとって、これ以上の後継ぎは望めないだろう。［本書が執筆された二〇一六年以後、「イスラム国」の急速な台頭と凋落があった。ビン・ラーディンがめざした急進的イスラム主義は、いっそう多様化して各地に広がっている］

オリヴィエ・ヴェベール

参考文献

BERGEN Peter, *The Osama bin Laden I Know: An Oral History of al Qaeda's Leader*, New York, Simon & Schuster, 2006.

HAMEL Ian, *L'Énigme Oussama Ben Laden*, Paris, Payot, 2008.

KEPEL Gilles, *Qui est Daech?* (avec Éric FOTTORINO, Edgar MORIN, Régis DEBRAY, Olivier WEBER, Jean-Christophe RUFIN et Tahar BEN JELLOUN), Philippe REY, 2015.

KEPEL Gilles, *Fitna, guerre au cœur de l'islam*, Paris, Gallimard, 2007.

KEPEL Gilles avec MILELLI Jean-Pierre, *Al Qaida dans le texte*, Paris, PUF, 2005 ; nouvelle édition revue et augmentée, Paris, PUF, coll. «Quadrige», 2008.

RANDAL Jonathan, *Osama: The Making of a Terrorist*, New York, Random House, 2004.

RASHID Ahmed, *L'Ombre des Talibans*, Paris, Autrement, 2001.

RUFIN Jean-Christophe et BEN JELLOUN Tahar, *Qui est Daech?* Paris, Philippe Rey, 2015.

WEBER Olivier, *Le Faucon afghan*, Paris, Robert Laffont, 2001.

執筆者一覧

カトリーヌ・サル（Catherine Salles）（*1*、*2*章）

古典語古典文学で高等教育教授資格および博士号を取得、パリ第一〇ナンテール大学でラテン語およびギリシア・ローマ文明の講座を担当した。ギリシア・ローマ時代にかんする数々の著作がある。『ギリシア・ローマ時代の下層社会』（パイヨ、二〇〇四）、『ローマ時代の読書』（パイヨ、二〇一〇）、『ローマ時代』（ラルース、一九九九）、「フラウィウス朝のローマ」（ペラン、二〇〇二）、『聖アントニウス――アフリカ生まれのキリスト教徒の運命』（デスクレ・ド・ブルヴェール、二〇〇九）、『結婚の歴史』（ロベール・ラフォン、二〇〇九）、『ローマ時代の愛』（ファースト、二〇一一）、『ローマの大火』（タランディィエ、二〇一五）など。

ブリュノ・デュメジル（Bruno Dumézil）（*3*章）

パリ第一〇ナンテール大学講師。目下の研究対象は、メロヴィング朝の王や王妃が残した手紙。西欧の中世初期にかんする著作が多い。『フランク人のガリアにおいて国家に仕えることとは』（タランディィエ、二〇一三）、『ガリア人からカロリング朝のフランク人まで』（ＰＵＦ、二〇一三）、『王妃ブルンヒルド』（ファイヤール、二〇〇八）、『ヨーロッパのルーツとしてのキリスト教――五―八世紀の蛮族王国のキリスト教帰依と自由』（ファイヤール、二〇〇五）など。

ファビアン・フォジュロン（Fabien Faugeron）（*4*章）

フォントネー・サン＝クルーのエコール・ノルマル・シュペリウール卒。歴史学で博士号および高等教育教授資格を取得。ローマのエコール・フランセーズの元研究員。パリ第四ソルボンヌ大学では講師として、食物の歴史などを教えている。中世後期イタリアの経済・社会史が研究テーマであり、なかでも力を入れているテーマはヴェネツィアである。著書に、『都市を養う――中世後期の数世紀におけるヴェネツィアの食糧補給、食物の市場と職業』（ローマのエコール・フランセーズ、二〇一四）がある。

ローラン・ヴィシエール（Laurent Vissière）（*5*、*6*章）

エコール・ノルマル・シュペリウールおよびフランス国立古文書学校卒。パリ＝ソルボンヌ大学で中世史講師をつとめる。イストリア誌編集委員会のメンバーでもある。後期中世の政治・軍事史の専門家として、現在は一五世紀の攻囲戦中の日常生活を研究している。著書に、『中世からルネサンスにかけての音の風景』（ローラン・アブロとの共著、レンヌ大学出版局、二〇一五）、『火と狂気――非合理と戦争（中世の終わりから一九二〇年まで）』（マリオン・トレヴィジとの共著、レンヌ大学出版局、二〇一六）などがある。

ジャン＝イヴ・ボリオー（Jean-Yves Boriaud）（7章）

ナント大学名誉教授。著書に、プロヴァン中世賞に輝いた『マキャヴェッリ』（ペラン、二〇一五）、『ガリレイ』（ペラン、二〇一二）、『ローマの歴史』（ペラン、テンプス叢書、二〇一二）など、訳書に、アカデミー・フランセーズのジュール・ジャナン賞を獲得したボッカッチョ『名婦列伝』のフランス語訳（レ・ベル・レットル、二〇一四）がある。

ロレーヌ・ド・モー（Lorraine de Meaux）（8章）

歴史で博士号と高等教育教授資格を取得。近現代ロシアの専門家。著書に、『ロシアとオリエントの誘惑』（ファイヤール、二〇一〇）がある。また、カジミエシュ・ワリゼフスキー『ロシア女帝エカチェリーナ二世の物語』の批判校訂版をペラン社から二〇一一年に刊行している。ヴェロニク・ジョベールとともに展覧会『インテリゲンチャ――フランスとロシア、二〇世紀の未公開アーカイブ』のキュレーターをつとめた（同展のカタログは二〇一三年にボ＝ザール・エディシオンより出版）。

ジョエル・シュヴェ（Joëlle Chevé）（*9*章）

近代を専門とする歴史研究者、「イストリア」誌の寄稿者。女性の愛、義務、権力の歴史を主要なテーマとしている。著書に、古代から狂騒の一九二〇年代にいたるまでの有名な遊女をとりあげた『高級娼婦』（ファースト、二〇一二）、『ルイ一四世の妻、マリー＝テレーズ・ドートリッシュ』（ピグマリオン／フラマリオン、二〇〇八および二〇一五）、『エリゼ宮の女性史――第二共和国から第五共和国まで』（エディシオン・デュ・ロシェ、二〇一七）などがある。

ティエリー・サルマン（Thierry Sarmant）（*10*章）

古文書学士。パリ第一大学で博士号と大学教授資格を取得。国防省歴史課の筆頭学芸員。フランス一七世紀の政治・行政史にかんする著作が多い。代表作は、『君臨と統治――ルイ一四世と大臣たち』（共著、ペラン、二〇一〇）。

オリヴィエ・トスリ（Olivier Tosseri）（*11*章）

ジャーナリスト、著述家。ローマに在住、イタリア各地を訪ねている。イタリア史に魅せられ、これを伝えることを喜びとしている。小説『男たちの舞踏会』（共著、ロベール・ラフォン、二〇一四）など、何冊もの著作があり、『歴史にかんする一五〇の固定概念』（ファースト、二〇一三）の執筆者の一人でもある。

グザヴィエ・ド・マルシ（Xavier de Marchis）（*12*章）

パリで書店を経営。著作にも励んでいる。『王妃たちの最期の日々』（ペラン／ル・フィガロ・イストワール、二〇一五）（神田順子ほか訳、原書房、二〇一七）では王妃ブルンヒルドの章、『独裁者の最期の日々』（ペラン／レクスプレス、二〇一四）（清水珠代訳、原書房、二〇一七）ではトルヒーヨの章の執筆を担当した。テレビ局フランス2の朝の情報番組テレマタン、およびラジオ局フランス・アンフォの読書コーナーのレギュラー出演者でもある。

レミ・コフェール（Rémi Kauffer）（*13*、*17*章）

単独もしくは共著で、多くの本を上梓している。『四人の皇帝の世紀――孫文、蒋介石、毛沢東、鄧小平』（ペラン、二〇一四）、『康生――毛沢東のスパイ頭』（ロジェ・ファリゴとの共著、ペラン、テンプス叢書、二〇一四）、『シークレットサービスの世界史――古代から現代まで』（ペラン、二〇一五）など。なお、ペラン社から二〇一六年に出版された『赤いパリ――世界の革命家とテロリストの都』では、パリ時代のポル・ポトに一章をさいている。

フランソワーズ・トン（Françoise Thom）（*14*章）

ロシア語の高等教育教授資格を取得。パリ第四ソルボンヌ大学で現代史講師をつとめる。ソヴィエトと共産主義圏の歴史が専門。著書に、『ベリヤ、クレムリンのヤヌス神』（エディシオン・デュ・セール、二〇一三）などがある。

リオネル・リシャール（Lionel Richard）（*15*章）

ピカルディ・ジュール・ヴェルヌ大学名誉教授。ドイツ文化史や国家社会主義にかんする数多くの著作がある。『ヴァイマール共和国における日常生活』（アシェット、一九八三）、『バウハウスとは』（インフォリオ、二〇〇九）』、『ゲッベルス——ある人心操縦者の肖像』（アンドレ・ヴェルサイユ・エディトゥール、二〇〇八）、『ヒーローを必要とする国の不幸——アドルフ・ヒトラーの誕生』（オートルモン、二〇一四）など。詩人、文芸批評家、翻訳家でもあり、長年にわたり、「マガジン・リテレール」や「ル・モンド・ディプロマティック」に定期的に寄稿し、文化専門のラジオ局フランス・キュルテュールに出演した。

ジャン＝ピエール・ランジェリエ（Jean-Pierre Langellier）（*16*章）

国際関係を専門とするジャーナリスト。三五年間、ル・モンドの記者をつとめ、そのうちの多くの年月を特派員として海外ですごした（ナイロビ、エルサレム、ロンドン、リオ・デジャネイロ）。著書に、『西暦一〇〇〇年のヒーローたち』（スイユ、二〇〇〇）、『ヴィクトル・ユーゴー事典』（ペラン、二〇一四）などがある。

エリック・パンカス（Éric Pincas）（*18*章）

イストリア誌編集長をつとめる歴史研究者。フランス報道学院の卒業生でもある。ほぼ二〇年前より数多くのルポルタージュをとおして歴史の知識を一般の人々にわかりやすく伝えることにつとめ、ドレフュス事件の裏面、第一次大戦中に行なわれた見せしめとしての銃殺、三万五〇〇〇年前の葬礼といった、知られざるテーマを掘り下げている。代表作は『ネアンデルタール人殺しの犯人は？――人類史上もっとも興味深い失踪事件の捜査』（ミシャロン、二〇一四）。

オリヴィエ・ヴェベール（Olivier Weber）（*19*、*20*章）

著述家、ジャーナリスト。アルベール＝ロンドル賞、ジョゼフ＝ケッセル賞、ラヴァンテュール賞を獲得。武力紛争を専門とする記者として世界各地の戦場をわたり歩き、人身売買問題を担当する無任所フランス大使もつとめた（二〇〇八―二〇一三年）。著作やルポルタージュのために一五ほどのゲリラ組織のふところに飛びこみ、約二〇の武力紛争を取材した。近著に、『国境』（ポルセン、二〇一六）、『ジョゼフ・ケッセルの愛の事典』（フラマリオン、二〇一九）などがある。

図版出典

Henri Désiré Landru, ©Bentley Archive / Popperfoto / Getty Images
Rafael Leónidas Trujillo Molina (1891-1961), dictateur de la République dominicaine entre 1930 et 1961. Portrait datant des années 1940, ©Ullstein Bild / Getty Images
Mao Zedong (1893 - 1976), révolutionnaire chinois, théoricien politique et leader communiste. Gouverna la République populaire de Chine de 1949 à 1976... ©Universal Images Group / Getty Images
Nikolai Iejor. Artiste anonyme, ©Heritage Images / Hulton Archive / Getty Images
Reinhard Heydrich, ©PhotoQuest / Archive Photo / Getty Images
Général Amin, ©Central Press / Hulton Archive / Getty Images
Portrait de Pol Pot, ©Bettmann / Getty Images
Photographie de Charles Manson, ©Michael Ochs Archives / Getty Images
Saddam Hussein, ©Thomas Hartwell / The LIFE Images Collection / Getty Images
Oussama Ben Laden, Sans titre, ©ATLASPRESS / MAXPPP

◆編者略歴◆

ヴィクトル・バタジオン（Victor Battaggion）

ソルボンヌ大学で学んだ知識をもとに、幅広いメディアで活躍するジャーナリスト。歴史専門誌「イストリア」副編集長。著書に、歴史上の大人物たちの恥辱的エピソードを集めた『リディキュール』（フィルスト社、2013年）、編著に、古今東西の宮廷へと読者をいざなう『世界の宮廷の歴史』（ペラン社、2019年）などがある。2019年、ジュール・ミシュレ賞を受賞。

◆訳者略歴◆

神田順子（かんだ・じゅんこ）…13章担当

フランス語通訳・翻訳家。上智大学外国語学部フランス語学科卒業。訳書に、ラズロ『塩の博物誌』（東京書籍）、ペルニエ＝パリエス『ダライラマ 真実の肖像』（二玄社）、ヴァンサン『ルイ16世』、ドゥデ『チャーチル』（以上、祥伝社）、共訳書に、デュクレ『女と独裁者—愛欲と権力の世界史』（柏書房）、ビュイッソンほか『王妃たちの最期の日々』、ラフィ『カストロ』、ゲニフェイほか『王たちの最期の日々』、ビュイッソンほか『敗者が変えた世界史』、ビュイッソン『暗殺が変えた世界史』、ゲズ『独裁者が変えた世界史』（以上、原書房）、『地政学世界地図』（監訳、東京書籍）などがある。

松尾真奈美（まつお・まなみ）…11章担当

大阪大学文学部文学科仏文学専攻卒業。神戸女学院大学大学院文学研究科英文学専攻（通訳翻訳コース）修了。翻訳家。訳書に、ゲズ『独裁者が変えた世界史』（共訳、原書房）がある。

田辺希久子（たなべ・きくこ）…12、20章担当

青山学院大学大学院国際政治経済研究科修了。翻訳家。最近の訳書に、グッドマン『真のダイバーシティをめざして』（上智大学出版）、共訳書に、ビュイッソン『暗殺が変えた世界史』、ゲズ『独裁者が変えた世界史』（以上、原書房）、コルナバス『地政学世界地図』（東京書籍）などがある。

清水珠代（しみず・たまよ）…14、15章担当

上智大学文学部フランス文学科卒業。訳書に、ブリザールほか『独裁者の子どもたち——スターリン、毛沢東からムバーラクまで』、デュクレほか『独裁者たちの最期の日々』、ダヴィスほか『フランス香水伝説物語——文化、歴史からファッションまで』（以上、原書房）、ルノワール『生きかたに迷った人への20章』（柏書房）、共訳書に、タナズ『チェーホフ』（祥伝社）、ラフィ『カストロ』、ブレゼほか『世界史を作ったライバルたち』、ビュイッソンほか『敗者が変えた世界史』（以上、原書房）、コルナバス『地政学世界地図』（東京書籍）などがある。

松永りえ（まつなが・りえ）…16章担当

上智大学外国語学部フランス語学科卒業。訳書に、ブランカ『ヒトラーへのメディア取材記録——インタビュー1923-1940』、モワッセフほか『ワインを楽しむ58のアロマガイド』（以上、原書房）、プイドバ『鳥頭なんて誰が言った？——動物の「知能」にかんする大いなる誤解』、ジャン『エル ELLE』（以上、早川書房）、共訳書に、マクロン『革命 仏大統領マクロンの思想と政策』（ポプラ社）、ヴィラーニ『定理が生まれる——天才数学者の思索と生活』（早川書房）などがある。

村上尚子（むらかみ・なおこ）…17、18章担当

フランス語翻訳家、司書。東京大学教養学部教養学科フランス分科卒。訳書に、『望遠郷9 ローマ』（同朋舎出版）、オーグ『セザンヌ』、ボナフー『レンブラント』（以上、創元社、知の再発見双書）、ブレゼほか『世界史を作ったライバルたち』、ビュイッソンほか『敗者が変えた世界史』、ゲズ『独裁者が変えた世界史』（以上共訳、原書房）などがある。

濱田英作（はまだ・えいさく）…19章担当

国士舘大学21世紀アジア学部教授。早稲田大学大学院文学研究科東洋史専攻博士課程単位取得。著書に、『中国漢代人物伝』（成文堂）、訳書に、甘粛人民出版社編『シルクロードの伝説——説話で辿る二千年の旅』（サイマル出版会）、チャンバース『シク教』、ガネリー『ヒンズー教』（以上、岩崎書店）、共訳書に、ビュイッソン『暗殺が変えた世界史』、ゲズ『独裁者が変えた世界史』（以上、原書房）などがある。

"LES FIGURES DU MAL — HISTOIRES VRAIES"
Ouvrage collectif sous la direction de Victor BATTAGGION
© Éditions Perrin, un département de Place des éditeurs et Sonatine Éditions, 2016
This book is published in Japan by arrangement with
Sonatine éditions, through le Bureau des Copyrights Français, Tokyo

「悪《あく》」が変《か》えた世界史《せかいし》
下
ランドリューから毛沢東《もうたくとう》、ビン・ラーディンまで

●

2020年 11月 1日　第 1刷

編者………ヴィクトル・バタジオン
訳者………神田順子《かんだじゅんこ》／松尾真奈美《まつおまなみ》
田辺希久子《たなべきくこ》／清水珠代《しみずたまよ》
松永《まつなが》りえ／村上尚子《むらかみなおこ》／濱田英作《はまだえいさく》
装幀………川島進デザイン室
本文組版・印刷………株式会社ディグ
カバー印刷………株式会社明光社
製本………小泉製本株式会社
発行者………成瀬雅人

発行所………株式会社原書房
〒160－0022　東京都新宿区新宿 1－25－13
電話・代表 03(3354)0685
http://www.harashobo.co.jp
振替・00150－6－151594
ISBN978-4-562-05852-5

©Harashobo 2020, Printed in Japan